近代汉语助词

曹广顺 著

商务印书馆
The Commercial Press
2014年·北京

图书在版编目(CIP)数据

近代汉语助词 / 曹广顺著. —北京：商务印书馆，
2014
ISBN 978-7-100-09610-2

Ⅰ.①近… Ⅱ.①曹… Ⅲ.①汉语—助词—研究—
近代 Ⅳ.① H146.2

中国版本图书馆 CIP 数据核字（2012）第 256556 号

JÌNDÀI HÀNYǓ ZHÙCÍ
近代汉语助词
曹广顺 著

商 务 印 书 馆 出 版
（北京王府井大街36号 邮政编码100710）
商 务 印 书 馆 发 行
北京市松源印刷有限公司印刷
ISBN 978-7-100-09610-2

2014 年 7 月第 1 版　　　　开本 880×1230 1/32
2014 年 7 月北京第 1 次印刷　　印张 7 ³/₈
定价：22.00元

序

　　曹广顺同志这本书是近代汉语助词研究方面的一部专著。近代汉语助词是近代汉语语法研究的重要课题，也是汉语语法史研究中的一个重要环节，历来受到研究者的重视。

　　早在四十年代，吕叔湘先生就以《释〈景德传灯录〉中在、著二助词》和《论底、地之辨兼及底字之由来》两篇讨论近代汉语助词的论文，揭开了近代汉语语法研究的序幕。这两篇文章在理论、方法、资料上为我们以后的研究工作开辟了道路。后学者也继前辈余绪，在这方面做了许多工作。曹广顺的这本书，就是这方面一项新的成果。

　　读过书稿之后，我感觉曹广顺在前人研究的基础上，通过翔实丰富的资料，细密清楚的论证，在近代汉语助词研究中有许多创获，这本书可以算是步武前彦、后出转精之作。

　　这本书中的研究成绩如何，读者阅读之后自会有了解和评价，我不必多说。我以为，可以向读者介绍的，是其在研究方法上的一些特色。

　　首先，书中反映出一种比较严谨的治学态度。文献资料是进行近代汉语研究的基础。在这本15万字的小书里，作者引用了笔记小说、禅儒语录、变文、佛经、白话译文等十几种题材的120余种文献。所选择的文献，又多是口语性较强、年代较准确、版本较可靠的作品，材料博且较精，得出的结论当然也就可以避免因材料而造成的偏颇。在得出结论之前，作者对文献作了广泛的调查，像为考察"动+将"结构在唐以后的使用和变化，对《全唐诗》（16册）、《祖堂集》、《敦煌变文集》、《二程集》、《朱子语类》（10卷）等多种文献作了穷尽性调查；为说明"动+宾+了""动+了+宾"和"动+却+宾"三种格式在宋代的使用情况，也对二十几位宋代词人和禅师的有关文献作了穷尽性调查。这些较大范围穷尽性的统计调查，为作者的结论提供了坚实的基础，也体现了作者严肃认真、实事求是的治学态度。

其次，以往对助词的研究，多着眼于对单个词汇词义、用法的考察，曹广顺则较注意语法格式，把助词放到一定的语法格式中去考察它的产生、发展、消亡。像在对动态助词的研究中，他认为"动+却+宾"格式诱发了完成态助词"却"的产生，"动+了+宾"格式则是完成态助词词汇兴替的结果；在事态助词的研究中，他认为，由于唐代"动+宾+了"和"动+却+宾"两种完成貌句式的普存，才出现了新的格式"动+却+宾+了"，从而为事态助词"了"的出现提供了必要的条件，等等。从语法格式来考察助词，比较容易说清助词产生、变化的过程，也比较容易揭示这些变化产生的背景和原因，这样比仅从单个词汇的使用去研究效果更好一些。

　　第三，曹广顺在对助词作逐个研究的同时，有意识地把单个的助词放到近代汉语语法体系和助词体系的全局中去考察，注意助词之间语义、功能上的影响，体系对它们的制约，以及方言、历史文化背景在其形成和发展中的作用，尽可能历史地描述出助词产生和发展的原因和过程。作者在这方面的努力虽然还只是一些初步的尝试，但这对于进一步深入的研究，应当是有所帮助的。

　　曹广顺同志与我有师弟之谊，彼此研究兴趣相近，多年来，时相过从，颇得切磋之乐。现在他的《近代汉语助词》书成，我先睹为快，愿草此短序，以略表我读后的欣喜之情。

刘　坚

1994年秋

目录

第一章　绪论

助词是汉语虚词中一个重要的词类，它表达动作的状态情貌，显示语气，构成各种结构，是表情达意的重要手段。

在不同的历史时期内，汉语助词系统有不同的特点和构成。近代汉语助词系统和古代汉语相比，不仅使用的词汇不同，同时还有一些古代汉语中所没有的助词小类，这个全新的助词系统，是近代汉语语法与古代汉语语法主要的区别之一，因此，近代汉语助词系统的出现和形成，也是近代汉语形成的主要标志之一。

近代汉语助词研究是近代汉语语法研究中一个重要的课题，也是整个汉语史研究中不可或缺的内容，如果能够清楚地了解近代汉语助词产生和发展的原因和过程，对我们描绘汉语语法的历史、分析汉语语法的现状都将有很大的帮助。

第一节　近代汉语助词系统

1.1 近代汉语助词系统主要由动态助词、事态助词、结构助词、语气助词四个小类构成。

　　动态助词是近代汉语中新产生的一类助词，它用于表达动作的状态、情貌。在古代汉语中，动态助词的这些功能，是由一些语法结构（连动式、动补式）或某些词汇（时间词、副词等）来表达的，动态助词的产生，取代了旧有的词汇、语法手段，使表达更清楚明白，手段更简明精密，是汉语语法的一个进步。近代汉语动态助词主要有"却、了、着、过、将、取、得"等几个，它们基本上都出现于唐五代，产生初期，分工不甚明确，常有混用的情况。宋代以后，经过系统内部规范、调整，各助词的功能逐渐固定，分工日趋明确、单一，并最终稳定下来。

　　事态助词是一组句末助词，它和动态助词一样，也是近代汉语中新产生的。事态助词侧重于表达事件的状态，给所陈述的事件加上一种情貌的标志。事态助词又是近代汉语中特有的一类助词，主要包括"了、来、去"三个，它们也产生于唐五代，在宋以后助词系统的调整中，"来、去"在大部分方言中逐渐消失，只有"了"作为一个特殊的语气助词保留了下来。

　　结构助词是近代汉语从古代汉语中继承下来的助词小类，但近代汉语中扬弃了古汉语助词"者、之"，而代之以新的结构助词"底、地"和"个"。元代以后"底、地"变成了"的"，"个"字形没有变化，但在近、现代汉语中，它可能都只用于部分方言里。"底、地、个"三个助词产生的时间，也在唐五代前后。

　　语气助词和结构助词一样，是从古代汉语中继承下来的小类，但近代汉语中使用的，是一些新产生的助词。语气助词包括肯定和疑问两类，这两类语气助词在近代汉语中都发生了明显的变化。本书中我们将讨论其中与现代汉语语气助词"呢"有关的"聻、那、在、里"四个。它们都出现于唐五代，元明以后，逐渐归并为"呢"。

1.2 以上四类助词，不管是近代汉语中新产生的小类，还是近代汉语从古代汉语中继承下来的词类（小类），而代之以新词的，基本上都出现于唐五代。唐五代是近代汉语助词体系形成、新助词全面产生的一个重要时期，近代汉语助词体系的形成，是近代汉语形成的一个重要标志，唐五代是近代汉语助词系统形成的时期，它也是近代汉语形成的时期。对照助词系统的发展变化，吕叔湘先生把唐五代定为近代汉语形成的界限，无疑是合乎语言发展实际情况的。①

第二节 影响近代汉语助词产生及发展的几个因素

2.1 近代汉语助词的形成是一个复杂的历史过程，每个助词的产生和发展，都有其背景和原因，但在这些复杂的现象中，也可以找到一些共同的东西，一些影响助词形成和发展的基本条件。

2.2 助词形成的过程，对于从实词演变而来的助词，就是一个实词虚化的过程，在这一过程当中，结构关系的影响是一个重要的因素。在动态助词产生的过程中，"将""着""取""得"等几个词从动词向助词发展，都是从充当连动式中第二个动词开始的。以"将"为例，魏晋南北朝时"携带"义的动词"将"出现于连动式：

（1）行至赤亭山下，值雷雨日暮，忽然有人扶超腋径曳将去，入荒泽中。（还冤志）

（2）若生女者，辄持将去，母随号泣，使人不忍闻也。（颜氏家训，治家）

连动式的"动+将"间关系较松散，可以插入宾语或连词：

（3）有二人录其将去，至一大门，有一沙门据胡床坐。（冥祥记，古小说钩沉）

（4）忽有白蛇，长三尺，腾入舟中……萦而将还，置诸房内。（王子年拾遗记）

连动式的"将"和格式中的第一个动词一样，都表示一种动作，但"携带"这个动作是以前一个动作完成为条件，才得以进行的，"将"在某种程度上依附于前面的动作，二者之间的地位，稍有差异。同时，魏晋时"将"前的动词，又大都是与"将"近义（如"持"），或隐含有"携带"义的（如"曳"，即使不带"将"，"曳去"也有"携带"而去的意思），这种情况，减弱了"将"的动词义，使之向表示动向或动作结果的方向发展。

唐代"将"开始表示动作的结果：

（5）收将白雪丽，夺尽碧云妍。（白居易：江楼夜吟元九律诗成三十韵，全唐诗，4896页）

（6）鸟偷飞处衔将火，人争摘时踏破珠。（同上：吴樱桃，同上，5029页）

进一步，从表示动作结果，又发展成表示动作的完成：

（7）输将虚白堂前鹤，失却樟亭驿后梅。（同上：花楼望雪命宴赋诗，同上，4955页）

同时，当表示动作获得结果的"将"用在动作或动作结果可持续的动作之后时，发展出了表示动作持续的用法：

（8）骑将猎向南山口，城南狐兔不复有。（岑参：卫节度赤骠马歌，同上，2057页）

表示动作完成和持续的"将"，已经是动态助词了。

"将"字变化的起点是连动式，连动式的构成，使处于第二动词位置的"将"动词性减弱，从一个具体动作，变成前一个动作的附属（结果），又从表示结果的补语，变成表示动作状态的助词。在"着""取""得"的变化过程中，也有与"将"相同的情况。从这些助词的发展中我们看到，一个词会因其经常出现的语法位置而引起词义、功能的转变，而且，进入相同语法结构的一组词，有时会引起相似的变化，这些变化，说明语法结构对词义演变有着重要的影响力。

2.3 语法位置、结构关系的改变会引起词义的转变，同样，词义的改变、虚化，也会引起一个词汇语法位置、结构关系的改变。这也是影响助词产生的一个重要因素。这一点，在结构助词"个"的产生过程中显示得较明显。

"个"本来是量词，专以记竹，汉魏以后变成了一个一般的量词，用以计数各种东西：

（9）负服矢五十个。（荀子，议兵）

（10）但愿尊中九醞满，莫惜床头百个钱。（鲍照：拟行路难）

（11）可更觅数个刀子。（冥祥记，法苑珠林）

由计数各种东西，再到脱离前面的数词，不指一个明确的数量的虚指用法：

（12）为个朝章束此身，眼看东路无去因。（张籍：寄朱阙山人，全唐诗，4358页）

（13）惊飞失势粉墙高，好个声音好羽毛。（郑谷：飞鸟，同上，7762页）

虚指的"个"脱离了数词，直接接在形容词（例13）之后，成了表示事物具有某种性质的标志，词义完全改变了。

改变了词义的"个"逐渐变成了结构助词，功能也由跟在个别形容词之后，演变为跟在名词、动词等之后。

（14）师云："你既不会，后面个僧祇对看。"（景德传灯录，卷八）

（15）今日问个，明日复将来温寻，子细熟看。（朱子语类，卷一一五）

（16）莫怪说，你个骨是乞骨。（张协状元，四出）

量词"个"到助词"个"的演变，是一个词义不断虚化的过程，词义的虚化，改变了它的功能、结合关系，从而最后完成了从量词到助词的演变。

应当指出，结构关系和词义变化是虚化过程中两个互相依存的条件。一个实词进入某种结构关系，会引起词义的变化。

同样，一个实词词义的变化，也会影响其进入的结构，改变结构的关系和性质，许多虚词的产生都是在结构关系和词义变化两方面互相影响，共同作用之下完成的。

2.4　助词是一个系统，系统内部成员根据表达的要求，占据各自独立的功能位置，形成分工，也形成彼此间相互制约和限制的关系，唐五代以后助词的发展，很大程度上就是系统内各成员分工的规范和调整。

唐五代动态助词产生初期，由于大多数助词都有相似的发展过程，造成了"却""着""将""取""得"等在表示动作获得结果、完成、持续等几种功能上的重合。宋代，"却（了）""着"表示完成、持续的功能稳定下来；"将"到南宋时已基本上不再表示动作完成、持续，而以带趋向补语为主了；"得"则在宋元以后变成以带结果补语为主，也退出了表示完成、持续的竞争；"取"没有自己独特的功能，元代残存的部分用例，已是以作词缀为主，开始完全走向消亡。

系统的调整不仅是规范与淘汰，也造成了助词的兴替。"却"从唐五代起表示完成，是这个时期最常用的助词，比它稍晚又另外出现了动态助词"了"，宋代"了"发展起来，南宋已很常见，宋代表示完成态是由"却""了"共同担任的。两个成分担当同一功能，与语言简明、精密的要求相背离，造成了系统内的不平衡，南宋中晚期，"了"取代了"却"。随着"却"的消失，系统内部经过规范和调整，恢复了平衡。

系统内部各成员间的制约和限制要求规范和稳定，语言的发展、语言成分的变化又常常破坏这种规范和稳定，这样，系统内部不断调整和规范彼此间的关系，达到新的规范和平衡，这个调整过程，也就是许多助词发展、变化、产生、消亡的原因和动力。

2.5 近代汉语和现代汉语一样，在不同地区之间，也应存在着方言差别。助词的产生和发展在不同的方言区内可能是不平衡的，这种不平衡有多种情况。

首先，一个助词的产生、消亡或发展的快慢，在不同的方言区会有差别。梅祖麟先生论证过动态助词"了"可能在北方出现早一些，然后逐渐推广到南方。[②]另外，我们也注意到，动态助词"将"从晚唐五代起，在南方向"动+将+补"结构归并的速度比北方要快，到了宋代，在《朱子语类》《虚堂语录》中，"将"已只用于"动+将+补"格式了，但在稍晚一些宋元之际受北方方言影响的文献，如《大宋宣和遗事》《五代史平话》《秦并六国平话》中，又出现了带宾语的例子，这说明宋末和元代，北方方言中"将"字的使用仍和唐五代有相近之处，南北方"将"字发展的速度，存在着一定的差距。

其次，同一语法功能，在不同的方言中可能是由不同的助词来承担的。如结构助词"的（底、地）"和"个"。现代汉语中"的"用于共同语，"个"用于东南方言。从历史来源看，"的"应是由古汉语结构助词"者"而来，"个"由量词发展而来。它们都出现于唐五代，而"个"在产生初期，使用中就有某种限制（用例少，集中于个别人作品），从《敦煌变文集》和《祖堂集》的比较看，产生于泉州的《祖堂集》用"个"明显多于产生于西北的《敦煌变文集》。这种情况显示，"个"产生的初期，可能就是一个东南方言中的助词，这种分布一直维持到现代。

最后，也有个别情况中，某一方言根本不接受共同语的发展方向，而走自己独立的发展道路。在动态助词的发展过程中，唐五代之后，连动式已变为动补式，动补式中的补语很快集中为几个词，这几个词相继变为动态助词，并在大部分方言中使用。但闽南话就没有走这条各方言都走的"必由之路"，直到今天，闽南话中仍不用"了、着、过"，它采用的是"动补结构"（我吃了＝我食饱），或特殊的状语（表过去完成用状语［bat˥］，相当于"曾"），"总的看来，闽南话的'体'，基本上没有采用'动词+词尾'这个形式，而是用动词前加状语或动词后加补语的方式来表示的。"③

助词在各方言中发展不平衡的情况是近代汉语助词史研究中的一个复杂问题，不同方言中各个助词的状况，不同方言与共同语关系的状况及变化，都会给助词的发展带来影响，当我们分析助词发展的历史时，对不同时期方言中助词的情况及其对助词发展的影响，应给予足够的重视。

2.6 语言是一种社会现象，不同时期的社会历史文化背景，都会在语言上留下痕迹，有时也会影响到助词的发展。

汉魏佛教盛行，佛经翻译是当时社会的一大需要，并给当时的汉语带来影响，这种影响也波及助词。我们注意到，动态助词"着"形成之前，佛经中有一种跟在动词后面的"着"：

（17）迦弥尼鬼者著小儿乐着女人。（童子经念诵法，大藏经，卷一九）

（18）不留心于无明，念着世间。（大宝积经，卷九三，同上，卷一一）

这种表示心理活动（贪恋、爱恋）的"着"用在动词之后，隐含有动作获得结果的意思，是动态助词"着"的直接来源，而这种用法的出现，无疑是受了佛教文化进入中国社会的影响。

同样，历史文化背景的变化，也会影响到某些助词的使用和发展。晚唐五代疑问语气助词"那"在《祖堂集》中曾构成"～那？作摩？"句式：

（19）师曰："汝因何从我觅？"进曰："不从师觅，如何即得？"师曰："何曾失却那？作摩？"（祖堂集，1.153）

这个句式在宋代消失了，《祖堂集》中的七个例子，在《景德传灯录》《五灯会元》中分别被改掉或删去。元代，该句式重新出现于元白话中：

（20）这般宣喻了，不谨慎行的和尚并呪师般不思您每不怕那？不羞那？甚么？（元典章，卷二四，户一〇）

明代这个句式保留于《老乞大》《朴通事》《皇明诏令》等受元白话影响的文献中，以后，随元白话影响的消失，该句式在文献中又消失了。

同期，呈类似情况时隐时现地使用的，还有"每"和"们"、"这底"和"这"、"了也"和"了"、"动了宾了"、"动了双音趋补"等多种语言现象④，它们的变化规律，都是唐五代近于元代，宋代近于明代。虽然我们现在还说不清楚是什么因素使疑问助词"那"等在唐五代到明代之间的使用出现循环式变化，但有一点可以肯定，这些变化是伴随历史背景的变化而来的，历史对语言发生了某种影响。

注释

① 吕叔湘:《〈近代汉语读本〉序》，上海教育出版社，1983年。

② 参阅梅祖麟《现代汉语完成貌句式和词尾的来源》，《语言研究》1981年。

③ 参阅袁家骅《汉语方言概要》，270、271页，文字改革出版社，1989年。

④ 参阅拙作《试说"就"和"快"在宋代的使用及有关的断代问题》，《中国语文》1987年第4期。

第二章　动态助词

动态助词是近代汉语中新产生的一个助词小类，主要包括"却、了、着、过、将、取、得"等几个。动态助词的功能是用来表达动作的状态、情貌，它的产生使汉语的表达更精密简明，是汉语语法的一个进步。

第一节　却　了

"却"和"了"都是近代汉语中产生的动态助词，主要表示动作的完成，出现的基本格式有"动+却／了"和"动+却／了+宾"，功能、意义大体相同，出现的时间稍有差异，两者之间联系紧密，所以，在这一节里，我们把它们放在一起来讨论。

壹

1.1 "却"是由动词发展演变成助词的。《说文解字》："却，节欲也。"汉代前后产生出"退""使退"的意思，如：

（1）沛公自度能却项羽乎？（史记，留侯世家，卷五五）

同时这种"退"意的动词"却"，也泛表一般的"离去"义，用作趋向补语，如：

（2）梁王念太后、帝在中，而诸侯扰乱，一言泣数行下，跪送臣等六人将兵击却吴楚。（同上，韩长儒列传，卷一〇八）

这种用法魏晋也继续使用，如：

（3）夷甫晨起，见钱阂行，呼婢曰："举却阿堵物。"（世说新语，规箴）

再以后的文献中，"却"由作趋向补语转变为作结果补语，例子也慢慢增多。例如：

（4）锋出登车，兵人欲上车防勒，锋以手击却数人，皆应时倒地，于是敢近者，遂逼害之。（南齐书，高祖十二王，卷三五）

（5）每朝士咨事，莫敢仰视，动致呵叱，辄晉云："狗汉大不可耐，唯须杀却。"（北齐书，恩幸传，卷四二）

（6）先是，景每出师，戒诸将曰："若破城邑，净杀却，使天下知我威名。"（南史，贼臣传，卷七〇）

（7）灵太后曰："卿女今事我儿，与卿是亲，曾何相负，而内头元叉车内，称：此妪须了却。"（北史，崔挺传，卷三二）

以上"却"字的词义类似"掉"，表示动作的对象被消灭、去除，是"杀、击、了"这类动作的结果，是"去"义"却"的进一步引申。这种"却"字虽然词义比表"去"的"却"虚化了，但仍带有实义，所以，这个时期出现的带"却"的动词，只有以上列举的几个。"却"出现的格式，也多为"动+却"，像例（4）的"动+却+宾"极为少见。

1.2 唐代起,"却"开始虚化为表示完成的动态助词,广泛出现于各种文献中。例如:

(8)待收陕州,斩却此贼!(旧唐书,史思明传,卷二〇〇)

(9)先有谣言云:金色虾蟆争努眼,翻却曹州天下反。(同上,黄巢传,卷二〇〇下)

(10)李公遍问旧时别墅,及家童有技者、图书有名者,悉云卖却。(赵璘:因话录)

(11)大使打驿将,细碎事,徒浣却名声。(朝野金载,太平广记,卷一七六)

(12)吾早年好道,常隐居四明山,从道士学却黄老之术。(宣室志,同上,卷七四)

(13)抽出一卷文,以手叶却数十纸。(河东记,同上,卷一五七)

(14)李龟年善羯鼓,玄宗问向打多少枚,对曰:"臣打五十枚讫。"上曰:"汝殊未,我打却三竖柜也。"(传记,同上,卷二〇五)

(15)我任使窦参,方称意次,须教我杀却他,及至权入伊手,其为软弱,甚于泥团。(异闻集,同上,卷二七五)

(16)井崖不得已,遂以竹盛却枪头而行。(广异记,同上,卷四三二)

(17)一日,震趋朝,至日初出,忽然走马入宅,汗流气促,唯言:"锁却大门!锁却大门!"一家惶骇,不测其由。(无双传,同上,卷四八六)

（18）汉帝不忆李将军，楚王放却屈大夫。（李白：悲歌行，全唐诗，1722页）

（19）君看渡口淘沙处，渡却人间多少人。（刘禹锡：浪淘沙，同上，403页）

（20）林花撩乱心之愁，卷却罗袖弹箜篌。（卢仝：楼上女儿曲，同上，4378页）

（21）一片黑云何处起？阜罗笼却水精球。（姚合：对月，同上，5670页）

（22）上却征车再回首，了然尘土不相关。（吴融：新安道中玩流水，同上，7860页）

（23）莫言墙阴数尺间，老却主人如等闲。（刘禹锡：墙阴歌，同上，3997页）

（24）正值江南新酿熟，可容闲却老莱衣。（顾非熊：途次怀归，同上，5793页）

（25）谁能学得空门士，冷却心灰守寂寥。（郑良士：寄富祥院禅者，同上，8324页）

（26）高却垣墙锁却门，监丞从此罢垂纶。（冯道：放鱼书所锁户，同上，8406页）

（27）看他终一局，白却少年头。（赵延寿：棋，同上，8411页）

"却"在唐代使用已经很广泛，在我们以上举的二十个例子中包括了史籍（例8、9）、笔记小说（例10—17）、唐诗（例18—27）三类，无论在哪一类文献中，助词"却"的使用都已不再是个别的现象了。

　　"却"字由动词演变成动词的标志，首先是其所表达的意义的变化。唐以前，"却"带有"去除""消失"的意思，它所跟的，自然也就都是能造成"去除""消失"的结果的动词，像"杀、了"等等。唐代的例子里，动词不再有这种局限，像例（11）"浣"、例（12）"学"、例（13）"叶"、例（16）"盛"、例（17）"锁"、例（20）"卷"、例（21）"笼"、例（22）"上"等，这些动词不仅不会造成什么东西"去除"或"消失"，反而会造成一些事物的"获得"（"学、盛"）或状态的存在（"叶、锁、卷、笼、上"）。这样，"却"所表达的意义，就变成了一种抽象的完成，而不管造成的是一种"失"还是"得"的结果。

　　其次，伴随着意义的变化，功能也相应地调整。带"却"的动词的语义限制消失了，各种动词都开始与"却"结合；进而，在表达变化完成、状态存在时，一些形容词也进入了这一格式（如例23—27）。形容词带"却"的例子从初唐出现，开始时带"却"的形容词只有"老"等很少的几个，例子也少见，中晚唐以后，"闲、白、高、冷"等形容词都出现了带"却"的例子，使用频率也越来越高。"却"出现的格式，也从以"动+却"为主，转变成以"动+却+宾"为主。

　　意义与功能两方面的变化都表明"却"在唐代已从一个表达具体词义的实词，变成了一个表达抽象的语法意义的虚词。①

　　助词"却"产生的时间，应当在唐代前期，我们在初、盛唐王梵志②、李白、杜甫等人的作品中，都已经可以看到较典型的助词"却"了。

助词"却"的产生,是汉语发展史上一个重要的变化,它改变了过去汉语中以副词、时间词语或结果补语、表示完成义的动词来表达动态完成的方法,产生了一个新的词类和一个新的语法格式。"却"是由趋向动词虚化而成为助词的,它从在连动式中充当并列动词,到在述补结构中充当趋向补语,再变为充当结果补语,这个发展过程,决定了它紧跟动词的语法位置,以及"动+却"和"动+却+宾"两种语法格式的建立。唐代以后,汉语完成态助词有所更替,但由"却"奠定的完成态助词的功能、意义及两种语法格式始终没有改变。

1.3 晚唐五代助词"却"使用更为频繁,这一点在晚唐五代两种接近当时口语的文献——敦煌变文和禅宗语录中反映尤为明显。在《敦煌变文集》中,有不少助词"却"的典型用例,如:

(28)忽然口发人言,说却多般事意。(妙法莲华经讲经文,敦煌变文集)

(29)如似种子酽田中,种却一石收五斛。(佛说阿弥陀经讲经文,同上)

在禅宗语录,如南唐保大十年(952年)成书的《祖堂集》中,助词"却"的例子就更多了。例如:

(30)问:"三界竟起时如何?"师云:"坐却著!"(祖堂集,2.90)

(31)一句子活却天下人,一句子死却天下人。(同上,2.87)

(32)过却多少林木,总是境。(同上,2.106)

（33）师云："老僧要坐却日头，天下黯黑，忙然者匝地普天。"（同上，2.87）

（34）和尚关却门，便归丈室。（同上，1.169）

（35）雪峰放却垸水了云："水月在什摩处？"（同上，2.127）

《祖堂集》中助词"却"出现近200例，带"却"的动词有70余个，显示出很强的生命力和结合能力。其语义主要是表达动作完成的状态，例句遍及现在、过去、将来、假设等各种时态的句子。

1.4 宋代助词"却"继续使用，普遍出现于当时的各类文献中。例如：

（36）后来萧禧已承恩受了圣旨，乃改臣等作回谢。……后来萧禧已受却圣旨，更无可商量，遂改臣等作回谢。（沈括：乙卯入国奏请，续资治通鉴长编，卷二六五）

（37）当时纵不发遣，自是北朝不合侵越。后来又拆却铺，立却十八个烽堆、七个铺子，岂是不经发遣。（同上）

（38）且指他浅近处，只烧一文香便道：我有无穷福利。怀却这个心怎生事神明？（二程集，卷一一，正谊堂丛书）

（39）师云："若言我不道即哑却我口，若言我道即謇却我舌。"（景德传灯录，卷一二）

（40）今朝结却布袋口，明眼衲僧莫乱走。（五灯会元，卷二〇）

（41）被猴行者隐形帽化作遮天阵，钵盂盛却万里之水，金钚锡杖化作一条铁龙。（大唐三藏取经诗话，第七）

（42）除却不弘，便是弘；除了不毅，便是毅。（朱子语类，

卷三五）

（43）三月花飞几片，又减却，芳菲过半。（张先：高亭宴，全宋词，76页）

（44）忍泪一春愁，过却花时节。（晁补之：生查子，同上，576页）

（45）未应真个，情多老却天公。（杨无咎：白雪，同上，1179页）

（46）一拥河豚千百尾。摇食指，城中虚却鱼虾市。（洪适：渔家傲引，同上，1372页）

（47）怕嫦娥，隔窗偷看，须下却，帐儿睡。（李曾伯：水龙吟，同上，2784页）

宋代助词"却"的使用，与唐五代相比发生了一些变化。

首先，是完成貌助词"了"的产生。从宋初起，"了"已用作完成貌助词，用于"动了宾"格式，开始时，"了"与"却"并用，有时在同一句子里，二者交替使用（例如36、42），以后"了"逐渐有取代"却"的趋势。

其次，"了"的使用必然地造成了"却"使用的减少，如在宋词中，带"却"的动（形容）词就逐渐集中于"过、老、换、忘"等几个词上，结合能力的减弱又最终导致了它被"了"所取代。

第三，"却"的使用在宋代各种文献中情况不尽相同，如同是宋初作品，在宋词、沈括《乙卯入国奏请》中，"却"与"了"并用；在《景德传灯录》中则仍是"却"一统天下，只有"动+却+宾"，没有"动+了+宾"。这种情况可能是文献接近口语程度的差别造成的。

1.5 宋代中晚期，"了"取代"却"的迹象越来越明显，这以后虽然文献中仍可见到"却"使用的少数例子，但在实际口语中，它可能已被"了"取代了。

贰

2.1"了"和"却"一样，也是由动词发展成助词的。大约在汉代以后，动词"了"有了"终了""完毕"的意思，并同意义相近的动词"已""讫""毕""竟"等一起，构成了汉语中表示完成状态的句式"动+宾+完成动词"。[③]例如：

（48）公留我了矣，明府不能止。（三国志，蜀志，杨洪传，卷四一）

（49）臣松之以为，权愎谏违众，信渊意了，非有攻伐之规，重复之虑。（同上，吴志，吴主传裴注，卷一七）

（50）益郭耆旧传令送，想催驱写取了，慎不可过淹留。（王献之：杂帖）

（51）设能信已如梦，其说经法如幻师化了，听假音不著其声，不造解脱。有二事者，是乃名为善听受法也。（法护：佛说大净法门品经，碛砂藏，卷一五六）

"动+宾+完成动词"格式在魏晋以后广为使用，其中的完成动词，在唐五代前后开始向"了"归并，"了"字逐渐在这个格式中占据了主导地位。[④]

2.2 起源于魏晋的"动+宾+完成动词"格式在唐代与助词"却"构成的"动+却+宾"格式并存，成为当时两种不同的完成态表示法。这两种句式语义上的区别在于，"动+却+宾"格式只表示动态的完成，而"动+宾+完成动词"格式则如前辈学者所说，是一种"谓+谓"格式，完成动词充当的是后一个谓语性成分，它的功能，是对事件的状态作出陈述。就唐代来说，"了"字所陈述的"事件"大体上有两种情况，一种是对一个完整的事件的状态作出陈述，例如：

（52）下邽杨王林庄今年买了。（白居易：祭弟文，全唐文，卷六八一）

另一种则只是对一个动作（也就是一个简单的事件）作出陈述，如：

（53）杀人了，即曰：我有事而杀，非故杀也。（同上：论姚文秀打杀妻状，同上，卷六六八）

这两种情况前者发展下去变成了事态助词"了"⑤，后者由于表达的意义和"动+却+宾"相近，从中晚唐起，完成动词"了"受其影响出现虚化趋势，位置从"动+宾"之后，逐渐移至"动+宾"之间助词"却"的位置上，变成了动态助词。

动词"了"的虚化是从中晚唐开始的，这个时期的例句，目前所见主要是唐诗、五代词、变文中的几例，例如：

（54）补了三日不肯归婿家，走向日中放老鸦。（卢仝：与马异结交诗，全唐诗，4384页）

（55）鬓鬌鬓轻松，凝了一双秋水。（白居易：如梦令，同上，10057页）

（56）将军破了单于阵，更把兵书仔细看。（沈传师：寄大

府兄侍史，同上，5304页）

（57）几时献了相如赋，共向嵩山采伏苓。（张乔：赠友人，同上，7324页）

（58）林花谢了春红，太匆匆。（李煜：乌夜啼）

（59）见了师兄便入来。（难陀出家缘起，敦煌变文集）

（60）切怕门徒起妄情，迷了蕋多谏断。（维摩诘经讲经文，同上）

（61）唱喏走入，拜了起居，再拜走出。（唐太宗入冥记，同上）

　　这个时期的例子一般都见于韵文作品，在同期的散文作品，包括像《祖堂集》这样比较接近口语的散文作品中，动态助词"了"（也就是见于"动+了+宾"结构中的"了"）都还没有出现。

　　2.3 动态助词"了"的大量出现，是从北宋开始的，首先见于北宋词人的作品中：

（62）爱揾了双眉，索人重画。（柳永：洞仙歌，全宋词，50页）

（63）如此春来春又去，白了人头。（欧阳修：浪淘沙，同上，141页）

（64）若使当时身不遇，老了英雄。（王安石：浪淘沙令，同上，207页）

（65）分飞后，泪痕和酒，占了双罗袖。（晏几道：点绛唇，同上，246页）

（66）臂间刺道相思苦，这回还了相思债。（苏轼：踏莎行，同上，333页）

（67）灯前写了书无数，算没个，人传与。（黄庭坚：望江东，同上，413页）

（68）恰则心头托托地，放下了日多萦系。（毛滂：惜分飞，同上，677页）

同期，在较接近口语的散文作品中"动+了+宾"格式也开始出现了：

（69）臣括答云："北朝自行遣了萧扈、吴湛，括怎生得知？"（沈括：乙卯入国奏请，续资治通鉴长编，卷二六五）

（70）学士对制使及一行人道了二三十度，言犹在耳，怎生便讳得？（同上）

（71）地界事已了，萧琳雅已受了辬拨文字，别无未了。（同上）

沈括《乙卯入国奏请》是宋神宗时（1075年）与辽国进行边界谈判后的汇报，其中"了"字除作主要动词外，均用作动态助词。

（72）老僧熙宁八年丈帐，在凤翔府供申，是年华山崩倒，压了八十里人家。（北涧居简禅师语录，续藏经，卷一二一）

熙宁八年恰是1075年，北涧的活动时间，应与沈括相去不远。

（73）棒头点出眼睛来，照了诸相悉皆空。（虎丘绍隆禅师语录，同上，卷一二〇）

（74）抛了弓，掷下箭，撒手到家人不识，鹊噪鸦鸣柏树间。（续古尊宿语要，同上，卷一一八）

动态助词"了"和"却"是意义和功能基本相同的两个助词；动态助词"了"和完成动词"了"是意义相近而功能不同的两

个词（这里仅指处于"动+宾+了"格式中而又只陈述一个动作状态的动词"了"）。所以，动态助词"了"的产生，对"动+却+宾"和"动+宾+了"两种格式的使用，都产生了影响。从北宋文献看，宋词中"动+了+宾"大量出现，"动+却+宾"仍继续使用⑥，"动+宾+了"则接近于消失了；《乙卯入国奏请》与宋词情况相似；禅宗语录里，北涧、虎丘、东山等人三种格式并用，同期或稍早的汾阳、雪窦、开福等人则仍只使用"动+却+宾"和"动+宾+了"；在北宋的笔记中，以"动+宾+了"为主，常常是不仅不用"动+了+宾"，就连"动+却+宾"也少见。这种情况应当是由于不同类型作品反映口语程度的不同所造成的。宋词在当时是一种新兴的文学形式，较易于贴近生活，接受新的语言成分；《乙卯入国奏请》是外交谈判的汇报，理应是谈话的实录，所以二者中动态助词"了"用得较多。宋代禅宗已经部分失去了旧日质朴的本色，其语录虽然仍维持着过去的文体，但其所用的词汇、语法成分，却可能已经不是完全参用当时的口语，而是或多或少地因袭旧说了。不同禅师的语录脱离口语的程度因人而异，这就造成了动态助词"了"在北宋禅宗语录中的使用呈矛盾状态。至于北宋文人的笔记则仍以使用文言为主，间或有一点儿零星的白话词语，像动态助词"了"这样的新语法成分不出现，是完全可以理解的。

南宋动态助词"了"进一步普及。此期的禅宗语录中，已经很难看到不用"动+了+宾"格式的了。⑦像始终活动在南宋政治文化中心苏杭一带的名僧虚堂智愚的语录中，尽管少，但亦可见到用例。如：

（75）是年华山崩，陷了八十里人家。（虚堂和尚语录，大
藏经，卷四七）

南宋史籍和笔记中，情况与北宋禅宗语录相似。一些保存
部分口语材料的文献，如《建炎以来系年要录》《挥麈录》等，
已经可以见到"动+了+宾"格式的踪迹⑧；另外一些文言色彩较
浓的作品，如方勺的《泊宅编》等，还是只用"动+宾+了"。

南宋儒家语录《朱子语类》里，"动+了+宾"格式已俯拾皆
是，"动+宾+了"则极为罕见。从这些材料来看，南宋时动态助
词"了"的使用已经基本上取代了完成动词"了"。

动态助词"却"在南宋也由于"了"的影响而开始衰落，
其过程在不同类型的文献中反映也不尽相同。在宋词中，南宋
词人对"却"的使用还大体上与"了"持平，有些人甚至仍是
"却"多于"了"。⑨在儒、僧两家的语录中，"了"的使用都大
大高于"却"。《朱子语类》中每卷"了"字出现以百十计，而
"却"常常是数卷不见一例。禅宗语录也一改北宋部分禅师因
袭晚唐五代旧格局的状况，不仅"了"的使用高于"却"，而
且还出现了把前人作品中"却"字改作"了"字的例子。《续
古尊宿语要·白云端和尚语录》中收了洞山和尚的一首诗："天
晴盖却屋，乘时刈却禾，输纳皇租了，鼓腹唱讴歌。"到《灵
隐大川济禅师语录》中，两处"却"字均被改作"了"，变为：
"趁晴盖了屋，乘时刈了禾，输纳皇租了，鼓腹唱讴歌。"这种
情况表明，到南宋中晚期动态助词"却"在口语中已经开始为

"了"所取代了。

2.4 为了更清楚地反映动态助词"了"的发展过程，下面我们列表考察一下不同地域、时间中北宋词人和两宋禅师对"动+了+宾"和"动+宾+了"两种格式的使用情况。[⑩]

表1　北宋词人作品中的"动+了+宾"和"动+宾+了"

姓　名	生卒年代	籍　贯	动+了+宾	动+宾+了
柳　永	约987—1053	福建崇安	7	0
宋　祁	998—1061	湖北安陆	2	0
欧阳修	1007—1072	江西吉安	7	0
杜安世	？	陕西西安	1	0
刘　敞	1019—1068	江西新余	1	0
王安石	1021—1086	江西临川	3	0
晏几道	约1030—1106	江西临川	4	1
王　诜	1048—1104	山西太原	1	0
苏　轼	1036—1101	四川眉山	2	1
黄　裳	1044—1130	福建南平	3	0
黄庭坚	1045—1105	江西修水	2	1
秦　观	1049—1100	江苏高邮	5	0
晁补之	1053—1110	山东钜野	4	1
毛　滂	约1061—1120	浙江衢州	5	0

表1中列举了十四位十一到十二世纪之间的北宋词人，地域从籍贯上看有南方福建、湖北、江苏、江西、浙江等地人氏，也有北方河南、山东、陕西等地人氏，作品中无一例外地都以用"动+了+宾"格式为主，"动+宾+了"或不用，或极少见，两

者总的比例是47∶4，动态助词"了"无论是在南方还是北方词人的作品中，使用都占了绝对的优势。

　　表2中列入的十七位两宋禅师的活动时间在公元十世纪到十三世纪，地域偏重南方，但也有一些北方人氏。参照上文中曾列举过的沈括《乙卯入国奏请》等北方作品中"动+了+宾"格式出现的情况，该格式在南方禅师语录中出现的时间（北涧：1075年）应当并不比北方晚，整个使用情况的变化过程，大体上是依时间的推移而发展的，不同的地域中没有表现出明显的差异。⑪

表2　两宋禅师语录中的"动+了+宾"和"动+宾+了"

姓名（法号）	生卒年代	籍贯	动+了+宾	动+宾+了
汾　阳	947—1024	山西太原		+
雪　窦	980—1052	四川遂宁		+
开　福	？—1113	江西婺源		+
北　涧	？	（安徽、浙江）	+	+
虎　丘	1077—1136	安徽和县	+	+
东　山	1095—1158	福建福州	+	+
应　庵	1102—1163	安　徽		+
密　庵	1118—1187	福建福州	+	+
松　源	1131—1202	江苏苏州	+	+
破　庵	？—1211	四川广安	+	+
月　林	1142—1217	福建福州		+
运　庵	1156—？	浙江宁波		+

姓名（法号）	生卒年代	籍　贯	动+了+宾	动+宾+了
无　准	？—1249	四川梓橦	+	+
灵　隐	1178—1252	浙江宁波	+	+
无　门	1182—1260	浙江杭州	+	+
偃　溪	1188—1263	福建侯官	+	+
虚　堂	1185—1269	浙江宁波	+	+

2.5 综上所述，表示完成的动态助词"了"起源于中晚唐，北宋以后开始普遍使用，并逐步取代了完成动词"了"和动态助词"却"。从宋代的材料看，动态助词"了"进入不同地域的时间没有明显的差异。

叁

3.1 对动态助词"了"的历史，前辈及许多当代语言学家作过不少深入的研究，提出过不少精辟的见解，这里特别要指出的是梅祖麟先生一系列关于"汉语完成貌"词尾的研究。梅先生不仅对"了"的历史作了精到的描写，而且提出了"词汇兴替"理论，即在一个语法格式产生之后，仍会发生不影响格式变化的词汇变化。

基于这一理论，我们回过头来看本节中前两部分对"却"和"了"的描写，就会发现它们是两种不同类型的变化。"却"的产生是一种语法意义上的变化，"却"从实词，用作补语，转变成虚词，在句中表达动态完成这一专门的语法意义，这个转变如我们在前面所说的，产生了一个新的词类和一个新的语法格式。动态助词"了"产生后取代"却"，则是一种词汇的变化、词汇的兴替，这种变化并没有对语法格式产生什么新的影响。我们比较唐宋两代"动+却+宾"和"动+了+宾"的例句可以清楚地看出，两者之间从语法关系上看是完全一样的。唐人说"白却少年头"和宋人说"白了少年头"，所表达的语义完全相同。因此，从"却"和"了"的历史看，汉语完成态助词的产生应该是在唐代，现代汉语完成态助词"了"的产生和确立，则是在中晚唐到宋之际。

3.2 同样，根据这一理论考察完成态助词产生的历史，也为"动+助词+宾"这一表达完成态语法格式的产生，提供了合理的解释。"却"是由作补语发展成助词的，而汉语补语，无论是趋向补语还是结果补语，都是以紧跟在动词之后为基本格式。汉语趋向补语由连动式产生，从第二个动词变来的补语自然多是紧跟在第一个动词之后。早期的趋向补语，一般都不带宾语，以后虽然带宾语的情况增加，但补语紧跟动词的格式仍占统治地位。结果补语也是如此，据研究，在《史记》中二十七个充当结果补语的动词里，只有一个（"醉"）出现过"动+宾+补"格式；在十三个作结果补语的形容词中，只有三个用于"动+宾+补"格式（而且它们还都有连带状语一起充当补语的限制）。⑫对"得"字的考察也是如此，据统计，在《游仙窟》《王梵志诗》《六祖坛经》《神会和尚遗集》《敦煌变文集》《祖堂集》《朱子语类辑略》七种文献中，"动+得+宾"共出现九百九十五例，"动+宾+得"却只有七例。⑬所以，"却"的历史来源为其虚化提供了变化的条件（没有连动式，就发展不出动补式，而没有动补式也就不会有动态助词），同时也注定了它变成助词后的格式只能是"动+却+宾"，而不能是其他。"了"字是在这一格式确立之后，作为取代助词"却"的成分进入这一格式的。其进入这一格式的原因，如前所述，是它所表达的语义与"却"有相通之处，此外，唐代以后，汉语动态助词系统的发达与规范，也从外部为其变化起了一定的推动作用。应该说，"了"字是在"却"的影响下，作为"却"的替代成分进入"动+了+宾"格式的，所以，它承袭"却"的语法位置，是一个自然的变化过程。

　　3.3 "却"和"了"的关系及其各自的发展过程进一步提示我们，助词的发展变化是在语法格式的演变中实现的，是在助词体系的制约下进行的，只有放在格式与体系的框架之内，才能清楚地显示出单个助词发展的历史过程，以及其中包含的复杂因果关系，才能准确地对其产生变化的历史和原因作出描写。

注释

① 此处仅指动态助词"却"的产生，"却"在古代汉语、近代汉语中有多种用法，助词"却"产生之后，并不影响其他同类的"却"的使用。

② 王梵志生卒年代不详，张锡厚在《唐初民间诗人王梵志考略》（《王梵志诗校辑》附录）中认为是"天宝、大历之前"人。

③ 参阅梅祖麟《现代汉语完成貌句式和词尾的来源》，《语言研究》1981年。

④⑤ 参阅本书事态助词"了"一节。

⑥ 参阅下文表1。

⑦ 参阅下文表2。

⑧ 参阅刘坚《〈建炎以来系年要录〉里的白话材料》，《中国语文》1985年第1期。

⑨ 宋代词人对"动+却+宾"和"动+了+宾"两种格式使用情况对比，请看下表：

格式 ＼ 姓名	欧阳修	晁补之	朱敦儒	杨无咎	范成大	辛弃疾	魏了翁	李曾伯	周密	仇远
动+却+宾	2	3	4	1	5	27	8	9	5	5
动+了+宾	5	3	10	2	6	25	2	2	4	1

⑩ 对不同地域中两种格式的使用情况，我们根据词人和禅师的籍贯来考察。古人的籍贯与其所用方言可能并不完全一致（有时甚至可能两者间相去甚远），所以，这里我们尽可能地多搜集一些人的材料，可以设想，随着材料的增加，所反映的地域面会增加，材料的可信性也会大一些。所以，尽管籍贯与方言并不完全一致，我们的调查结果对了解"动+却+宾""动+了+宾""动+宾+了"的使用情况，仍将是有所帮助的。

⑪ 同注③。

⑫ 参阅何乐士《〈史记〉语法特点研究》，《两汉汉语研究》，山东教育出版社，1985年。

⑬ 参阅杨平《"动词+得+宾语"结构的产生和发展》，《中国语文》1989年第2期。

参考文献

梅祖麟:《现代汉语完成貌句式和词尾的来源》,《语言研究》1981年。

《〈三朝北盟会编〉里的白话材料》,《中国书目季刊》十四卷二期。

《从语言史看几本元杂剧宾白的写作时代》,《语言学论丛》第十三辑。

潘维桂等:《敦煌变文和景德传灯录中"了"字用法》,《语言论集》,1980年。

太田辰夫:《中国语历史文法》,北京大学出版社,1987年。

赵金铭:《敦煌变文中所见的"了"和"着"》,《中国语文》1979年第1期。

志村良治:《中国中世语法史研究》,三冬社,1984年。

第二节　着

"着(著)"①也是近代汉语中新产生的助词,表示动作状态的持续,大约出现于唐代。本节中我们讨论动态助词"着"的产生、发展过程。

壹

1.1 "着"在古代汉语中是动词,有"附着""置放"等义,如:

(1)今戾久矣,戾久将底。底着滞淫,谁能兴之?(国语,晋语四)

(2)必树吾墓上以梓,令可以为器;而抉吾眼着之吴东门,以观越寇灭吴也。(刘向:说苑,正谏)

动词"着"的虚化过程，从汉代以后就开始了。首先出现的是跟在动词之后的用法，也就是连动式的"动+着"，这种情况，较集中地出现于汉以后（包括东汉著名佛经翻译家安世高等人）的汉译佛经中。佛经中的"动+着"，用法大体上可分为两类：

A

（3）犹如花朵缠着金柱。（佛本行经，卷二，大藏经，卷四）

（4）株杌妇闻，忆之在心，豫掩一灯，藏着屏处。（贤愚经，卷三，同上）

A类例中的动词多是一些会产生附着状态的，如："缠、住、覆盖"等等。"着"后也多带有表示处所的宾语，整个"动（+宾）+着+处所"结构表示物体通过某种动作而置（附着）于某地。"着"引出放置物体的处所，同时也是前面动作的一种结果，从意义上看，它还带有明显的动词性。

B

（5）迦弥尼鬼者着小儿乐着女人。（童子经念诵法，同上，卷一九）

（6）不留心于无明，贪着世间。（大宝积经，卷九三，同上，卷一一）

B类中"着"字都跟在表示思想意识、心理活动的动词之后，其后的宾语，是这些思想意识、心理活动的对象，"着"字表示这些动作附着在这些对象上，因此就隐含有一种动作持续或获得结果的意思。但从意义和词性看，这些"着"字仍都是动词。②

1.2 魏晋南北朝前后，在译经之外的其他文献中，"着"字上述两种用法的使用都有所发展。

A类用法更多见，例如：

（7）布恐术为女不至，故不遣兵救也，以绵缠女身，缚着马上。（三国志，魏志，吕布传裴注引《英雄记》，卷七）

（8）澍伏面着床席不起，涕泣交横，哀咽不能自胜。（同上，吴志，潘澍传裴注引《江表传》，卷六一）

（9）一二日，因载着别田舍，藏置复壁中。（同上，魏志，阎温传裴注引《魏略》，卷一八）

（10）士开昔来实合万死，谋废至尊，剃家家头使作阿尼，故拥兵马欲坐着孙凤珍宅上，臣为是矫诏诛之。（北齐书，武成十二王传，卷一二）

（11）伏波将军唐资传蜀人煞姜法：先洒扫，别粗细为三辈，盛着笼中。（张华：博物志）

（12）庾文康亡，何扬州临葬，云："埋玉树着土中，使人情何能已已！"（世说新语，伤逝）

（13）王独在奥上，回转顾望，左右移时不至，然后令送着门外。（同上，简傲）

魏晋南北朝A类用法除使用增多外，一个重要的变化是，带"着"的动词中出现了一些不能造成附着性状态的，如例（9）"载着"，例（13）"送着"。这些"着"字的功能主要是介绍出动作使物体达到的处所，类似用法的出现为"着"转变为介词奠定了基础。

B类用法在汉代主要见于译经，到了魏晋南北朝，在译经及其他深受佛经影响的文献之外，仍不多见。但在B类用法的影响下，似乎出现了极少动词不带语义限制（汉代B类"着"前动词限于表思想意识、心理活动者）的"动+着+宾"格式。例如：

（14）看干湿，随时盖磨着，切见世人耕了，仰着土地，并待孟春。（贾思勰：齐民要术，杂说③）

"仰着土地"应是指土地翻开后不覆盖，表示"仰"这个状态的持续，从意义上看，例中"着"字已经完全没有"附着"义，而只表示状态的持续了。

贰

2.1 在魏晋南北朝的基础上，唐代"着"字的用法进一步虚化。

A类例中，带"着"的动词在词义上的限制，唐代已经没有了，例如：

（15）帝闻而恶之，以为狂言，命锁着一室。（拾遗记，太平广记，卷九一）

（16）然后令胡上树，以下望之高十余丈，云：止此得矣，可以绢缚身着树，不尔，恐有损落。（广异记，同上，卷四二七）

（17）曰：尔云不杀者，近寸断掷着后沟，此是何物？重曰：正杀蛇耳。（广古今五行记，同上，卷四五七）

（18）婢惊云：瓮中有人！妇人乘醉，令推着山下。（广异记，同上，卷四六〇）

上述例句中，动作结果附着、不附着者均有，其中的"着"字，主要都是表示动作使物体所及的处所，词性也从动词转向了介词。"着"作介词的用法在唐以后延续了很长时间，功能也发展得更多样化，甚至在现代汉语中，也还能找到其残存的痕迹。

2.2 唐代更多的"着"字，是在汉魏六朝AB两种含有表示结果义的"动+着"的基础上，发展为直接表示结果。如：

（19）昨者二千骑送踏布合祖至碛北，令累路逢着回鹘即杀。（李德裕：代刘沔与回鹘宰相书意，全唐文，卷七〇七）

（20）承祯颇善篆隶书，玄宗令以三体写《老子经》，因刊正文句，定着五千三百八十言为真本以奏上之。（旧唐书，隐逸传，卷一九二）

（21）唐前侍御史王景融……迁父灵柩就洛州，于埏道掘着龙窟，大如瓮口。（朝野金载，太平广记，卷四二〇）

（22）有村正常夜渡桥，见群小儿聚火为戏，村正知其魅，射之，若中木声，火即灭，闻啾啾曰：射着我阿连头。（酉阳杂俎，同上，卷三六九）

（23）黄鹤青云当一举，明珠吐着报君恩。（王昌龄：留别司马太守，全唐诗，1449页）

（24）乞取池西三两竿，房前栽着病时看。（王建：乞竹，同上，3431页）

（25）自说孤舟寒水畔，不曾逢着独醒人。（杜牧：赠渔父，同上，5999页）

（26）浅色晕成宫里锦，浓香染着洞中霞。（韩偓：甲子岁夏五月，同上，7815页）

以上八例在句中可以据前面的动词解释为"得、中、了"等各种意思，但概括其要点，都是表示动作完成或获得了某种结果，和以前的用法相比，"着"字使用、语义上都少了许多限制，在虚化的路上前进了一大步。

（27）时径山有盛名，常倦应接，诉于三姑。姑曰：皆自作也。试取鱼子来咬着，宁有许闹事。（李肇：国史补）

（28）主簿因以函书掷贾人船头，如钉着，不可取。（神仙传，太平广记，卷七一）

（29）客常于饮处醉甚，独乘马至半路，沉醉，从马上倚着一树而睡。（原化记，同上，卷四三五）

（30）诸寺亦同此式，各拣择好恶，皆返纳官里。得二色来，好者进奉天子，以充御饰，恶者留着，纳于官里。（圆仁：入唐求法巡礼行记，卷一）

（31）琴砚共侬春酒瓮，云霞覆着破柴篱。（秦系：寄浙东皇甫中丞，全唐诗，2898页）

（32）雨中溪破无干地，浸着床头湿着书。（王建：雨中寄东溪韦处士，同上，3431页）

（33）刀剑为峰崿，平地放着高如昆仑山。（卢仝：与马异结交诗，同上，4383页）

（34）行背曲江谁到此，琴书锁着未朝回。（贾岛：田将军书院，同上，6686页）

（35）余时把着手子，忍心不得。（张鷟：游仙窟）

（36）藏着君来忧性命，送君又道灭一门。（捉季布传文一

卷，敦煌变文集）

（37）若似虹桥拦着路，且须盘泊靠军兵，不久却回程。（易静：兵要望江南，占虹第九，全唐五代词）

例（27）—（37）中的"着"字作用和例（14）"仰着"相似，也都是用来表示动作状态的持续。在这些例句中出现的动词，可以分为动作本身可持续和动作本身虽不能持续，但可以产生持续状态性结果的两类。第一类如"咬""倚""把""拦"等，这些动作是可以"连续下去"④的，它们"在持续之中，往往就呈现一种静止的状态"。⑤"着"加在这类动词之后，表示这种"静止"状态的持续。第二类如"钉""留""覆""放"等，这些动作是在短时间之中进行和完成的，它们本身并不能"连续"，不会呈现出"静止的状态"，但由这些动作而产生的结果，却会持续下去，像例（28）"钉着"，在"钉"的动作完成之后，"钉着"作为"钉"的结果，会保留下来，持续下去。而这种持续状态，正是由"着"来表达的。这些表示动作或动作结果持续的"着"字，已经从动词变成一个表达动作状态的助词了。

表示动作状态、结果持续，是动态助词"着"在唐代和晚唐五代最基本的用法。在晚唐五代成书的禅宗史料《祖堂集》中，助词"着"就只有这一种用法。如：

（38）师曰："钉钉着，悬挂着。"（祖堂集，1.116）

（39）这饶舌沙弥，犹挂着唇齿在。（同上，1.182）

（40）凤池云："守着合头，则无出身路。"（同上，2.53）

（41）好一个镬羹，不净物污着作什摩？（同上，2.73）

（42）紧把着事，恰似死人把玉攦玉相似。（同上，2.91）

（43）若记着一句，论劫作野狐精。（同上，3.114）

当助词"着"所表达的持续状态是另一个动作进行的条件时，"着"的作用就变为表示动作的进行态了。像例（29）"倚着一树而睡"，"倚着"是"睡"进行的条件、方式，例句中"倚着"和"睡"被当作两个并列的动作，其间用了连词"而"。当"而"去掉之后，随之产生的，就是"倚着睡"这个"动₁+着+动₂"的进行态格式了。这个格式也出现在唐代。例如：

（44）多时炼得药，留着待内芝。（高元裕：侯真人降生台记，全唐文，卷七九〇）

（45）旧墓人家归葬多，堆着黄金无处买。（王维：北邙行，全唐诗，3375页）

（46）房房下着珠帘睡，月过金阶白露多。（王建：宫词，同上，3442页）

（47）栋梁君莫采，留着伴幽栖。（白居易：题遗爱寺前溪松，同上，4908页）

（48）雨来风静绿芜薰，凭着朱阑思浩然。（褚载：题宛陵北楼，同上，7993页）

（49）几时徵释征西越，学着缦胡从使君。（陈陶：赠漳州张怡使君，同上，8479页）

（50）皇帝忽然赐匹马，交臣骑着满京夸。（长兴四年讲经文，敦煌变文集）

例（46）"下着珠帘睡"和例（29）"倚着一树而睡"意思相

近，但例（46）比例（29）少了连词"而"，"下着珠帘"直接表达了"睡"进行的状态。唐代这种表示进行态的"着"字例句还不多见，唐诗中只有少数几个人的作品中用（以王建诗中例句较多且较典型），带"着"的动词也多属动作结果持续型的，动作持续型的少见。在晚唐五代文献中用的也不多，如《祖堂集》中就没有出现较典型的例句。从以上情况推断，表示进行态的"动₁+着+动₂"格式虽在唐代已产生，但直到晚唐五代仍用得较少，还远没有普及开来。

2.3 "着"字从动词向助词发展的过程，到唐为止，已经基本完成了。在这个过程里，"着"字经历了：1. 跟在某几类动词之后表示附着性结果；2. 跟在一般动词之后表示动作结果；3. 表示动作状态的持续和进行这样三个阶段，经过这三个阶段的抽象和虚化，"着"字的"附着"等动词义逐渐减弱、消失，从一个词汇成分变成了一个语法成分。"着"字的虚化过程，是从占据"动+着"这样的语法位置开始的，特定的语法位置及与某些特定词义的动词的搭配，为"着"的虚化提供了基础和条件。同时，"着"字首先在译经中的大量使用，译经（特别是早期译经）对其发展变化的影响，是值得引起注意的问题。

叁

3.1 宋代以后，表示动作持续、进行的"着"继续使用，在文献中出现的例句越来越多，用法上也发生了一些变化。

3.2 宋代"着"表示动作持续和进行状态的两种用法并用，表持续的居多。如：

（51）师云：“汝道空中一片云，为复钉钉住，为复藤缆着？”（景德传灯录，卷八）

（52）师提笠子出，云屵云：“作甚么？”师云：“有用处。”屵云：“风雨来怎么生？”师云：“覆盖着。”（同上，卷一四）

（53）琉璃田地无根草，信手拈来属老卢，不似时人开着眼，再三捞摝费工夫。（续古尊宿语要，卷五，续藏经，卷一一九）

（54）专一守着一个道心，不令人欲得以干犯。（朱子语类，卷七八）

（55）空泪滴，真珠暗落，又被谁，连宵留着？（欧阳修：看花回，全宋词，149页）

（56）芝兰桃李环围着，拥和气、浮帘幕。（杨无咎：青玉案，同上，1180页）

（57）却怪白鸥，觑着人，欲下未下。（辛弃疾：丑奴儿，同上，1879页）

（58）传闻有意用幽侧，病着不能朝日边。（黄庭坚：病起荆江亭即事，宋诗钞，913页）

表示动作进行的用例，也比唐代明显增加，格式中作“动₁”的动词已有相当一部分是属于动作可持续性的了，“动₁+着+动₂”格式的用法显得更加成熟。例如：

（59）师乃呵云：“看总是一样底，无一个有知慧，但见我开这两片皮，尽来簇着觅言语意度。”（景德传灯录，卷一八）

（60）如见阵厮杀，擂着鼓，只是向前走，有死无二，莫更回头始得。（朱子语类，卷一二一）

（61）此等事，本不用问人，问人只是杭唐日子，不济事，只须低着头去做。（同上，卷一三二）

（62）且如昔日老南和尚，他后生行脚时，已有六七十人随着他参请。（同上，卷一三二）

（63）向尊前，闲暇里，敛着眉儿长叹，惹起旧恨无限。（柳永：秋夜月，全宋词，23页）

（64）待恁时，等着回来贺喜，好生地，媵与我儿利市。（同上：长寿乐，同上，39页）

（65）看着娇妆听柳枝，人意觉春归。（张先：武陵春，同上，80页）

（66）芙蓉斗晕燕支浅，留着晚花开小宴。（欧阳修：玉楼春，同上，136页）

（67）喧天画鼓要他听，把着花枝不应。（辛弃疾：西江月，同上，1920页）

随着"动₁+着+动₂"这一表示动作进行态格式的使用增多，宋代还发展出"形+着+动"格式，如：

（68）不是大着个心去理会，如何照管得。（朱子语类，卷一六）

（69）学是依这本子去做，便要小着心，随顺个事理去做。（同上，卷四五）

（70）须是软着心，贴就它去做。（同上，卷四五）

（71）学者须是大着心胸，方看得。（同上，卷六七）

形容词本身就是对状态的描述，"形+着+动"格式表达动作进行状态的功用，比之"动$_1$+着+动$_2$"更明显。

唐代"着"用来表示动作完成或获得结果的用法，也延续到宋代。例如：

（72）斯文即在孔子，孔子便做着天在。（朱子语类，卷三六）

（73）《孟子》辩《告子》数处，皆是辩倒着《告子》便休，不曾说尽道理。（同上，卷五九）

（74）且放下着许多说话，只将这四句来平看，便自见。（同上，卷七九）

（75）忽然死着，思量来这是甚则剧，恁地悠悠过了。（同上，卷一二一）

（76）后三日，果有人告僧母元不死，乃僧趁黄昏时候，装着寿儿就木，然后呼件匠分付焉。（夷坚志，三志，辛卷第三）

（77）又只恐你，背誓盟，似风过，共别人，忘着我。（杨无咎：玉抱肚，全宋词，1202页）

从以上这些例子看，表示完成的"着"主要用于一些本身不能持续，也不能造成持续状态性结果的动词（如例75"死"、例77"忘"），或是动补结构（如例73"辩倒"，例74"放下"）之后，而在这两种情况下，表示持续态的助词"着"是不出现的。按宋代助词系统内的分工，表完成主要用助词"了（却）"，"着"用于表示完成，是唐代助词体系形成初期助词混用的延续，从这一点看，这种情况仍是助词体系尚未达到完善的一种表现。

3.3 元明以后，表示持续、进行的助词"着"继续使用，表进行的例子更多，也更典型了。例如：

（78）蒙古汉军周岁出征去呵，自备气力去底也有，请官粮吃着去底也有。（元典章，卷三四，兵一）

（79）歹人每将好百姓每的儿女推称过房为由，车里船里多载着往高丽等地面里货卖去有。（同上，卷五七，刑一九）

（80）相公坐着逍遥去，高高凉伞下遮阴。（包待制出身传，明成化说唱词丛刊）

（81）西门庆远远望见一个官员，也乘着轿进龙德坊来。（金瓶梅词话，五五）

（82）行者在轿后，胸脯上拔下一根毫毛，变做一个大烧饼，抱着啃。（西游记，三四）

与表持续、进行态的同时，元代及明代前期，仍有一些用"着"兼表其他动态的例子出现，如：

（83）都省照得：于去年十二月十七日闻奏过立着的淘金总管府罢了。（元典章，卷二二，户八）

（84）尸首实葬了那怎的？烧人场里烧着，寺里寄着哩。（朴通事）

（85）（潘金莲）便写一封书封着，叫春梅送与陈姊夫。（金瓶梅词话，五五）

（86）云南行省官江西行省官每各差了五佰名军修盖省工役来。常例差工役军呵，上位不奏了不差有来，这的每不曾奏着差了有。（通制条格，卷七）

例（83）—（85）表示动作完成，例（86）表示曾经。类似混用的例子在元及明初不在少数，这种情况的造成，应与元白话对当时汉语共同语的影响有关。

明代中叶以后，"着"的使用渐渐规范稳定下来，并最终形成了现代汉语中的格局。

注释

① "着"在文献中多作"著"，亦有作"着"者，本文中均写作"着"。

② 汉代译经中的"着"字已有个别例句颇像是助词的用法。但译经的准确年代难以确定，语义有时也难以解释，对译经中出现的虚词，如果其出现的时间与其他文献有较大的差距，似以慎重为好。

③ 对《齐民要术》中"杂说"的成书年代，近年来有不同看法，柳士镇在《从语言角度看〈齐民要术〉卷前〈杂说〉非贾氏所作》（《中国语文》1989年第2期）一文中指出，《杂说》"也许并不是唐人写定的本子"，"可能有更后的人将自己的文字附益其中"。从我们所介绍的材料看，此例"着"比同类用例出现早了一些，同期文献中也没有见到过类似的用例，所以此例不无可疑之处。在无法确定其真伪之前，我们提出这个例子，以供大家参考。

④ 吕叔湘《中国文法要略》，57页。

⑤ 同上，229页。

参考文献

吕叔湘：《中国文法要略》，商务印书馆，1982年。

梅祖麟:《汉语方言里虚词"著"字三种用法的来源》,《中国语言学
　　报》第三期。

赵金铭:《敦煌变文中所见的"了"和"着"》,《中国语文》1979年
　　第1期。

第三节　过

　　动态助词"过"在现代汉语中有两种含义,一种是表示动作
结束、完成,一般称之为"过₁",另一种是表示"过去曾经有过
这样的事情"或"已有的经验"①,称之为"过₂"。本节中我们
讨论动态助词"过"在近代汉语中使用、发展的情况。

壹

　　1.1 和多数动态助词一样,助词"过"使用的基本格式也是
"动+过"和"动+过+宾"两种。以"过"在上述两种格式中出
现为标准,动态助词"过"的产生可能在唐代。例如:

　　(1)每至义理深微,常不能解处,闻醉僧诵过经,心自开
解。(纪闻,太平广记,卷九四)

　　(2)汉阳展卷,皆金花之素,上以银字札之,卷大如拱斗,
已半卷书过矣。(博异志,同上,卷四二二)

　　(3)报状折开知足两,敕书宣过喜无囚。(王维:赠华州郑
大夫,全唐诗,3418页)

　　(4)谁知花雨夜来过,但见池台春草长。(李贺:荣华乐,
同上,4428页)

（5）去岁会游帝里春，杏花开过各离秦。（李频：汉上逢同年崔八，同上，6808页）

（6）师曰："阇黎什么处人？"云："邓州人。"师曰："老僧行脚时曾往过来。"（筠州洞山悟本禅师语录，大藏经，卷四七）

（7）婆云："水不妨饮，婆有一问，须先问过。"（瑞州洞山良价禅师语录，同上）

（8）香严被问直得茫然，归寮将平日看过底文字，从头要寻一句酬对，竟不能得。（潭州沩山灵祐禅师语录，同上）

（9）仰山云："此是心机意识著述得成，待某甲亲自斟过。"（同上）

（10）蒙使君报云："本司检过。"（圆仁：入唐求法巡礼行记，卷二）

1.2 唐代"过"字使用的结构特点是以"动+过"为主，"动+过+宾"少见，在我们目前见到的例子中，只有例（1）是带宾语的。造成这种情况的原因，可能与动词"过"的词义有关。"过"是表达空间上运动的动词，这种运动，无疑都是以处所为起点，以处所为终点的，它所带的宾语，自然也应当是处所宾语。当"过"变成助词时，词义不是指空间运动，而是说运动状态，处所宾语与之搭配的机会减少了，这样，就造成了早期多用"动+过"，少用"动+过+宾"的现象。当然，这种现象也是助词"过"发展尚不成熟的一种表现。类似的情况在助词"却"的发展过程中也出现过②，"却"和"过"一样，也是由表趋向性运动的动词向助词转化的，同样的原因，造成了同样的结果。但同产生于这一时期的助词"着"却没有发生类似的情况③，而"着"字，如我们在该节中所指出的，它是由表示"附着"义的动词发展来的，当其发展成助词表示动作状态（状态性结果）持续时，实际上仍有动作"附着"的意思，也就是说，它从动词向助词的转变比"却""过"更自然些，语义上的联系更紧密些，结构类型上也就不须要作更多的调整。

1.3 唐代"过"所表达的意义，主要是动作的"完结（结束和完成）"，以上列举的十例，除例（6）外，均属这种情况。表示动作完成，唐五代主要用助词"却"，"过"和"却"虽都有表示完成的功能，但二者的语义是有所差别的。"却"表达的完成，主要在于指明一个动作结束后，造成了（或会造成）一种什么样的状态，多用于陈述事实和现状。例如：

（11）经时未架却，心绪乱纵横。（玉堂闲话，太平广记，卷二七三）

"未架却"这一事实，造成了"心绪"纵横的结果。

（12）自从死却家中女，无人更共鹦鹉语。（王建：伤邻家鹦鹉词，全唐诗，3384页）

"邻家女"死去，使鹦鹉无人共语。

（13）珠帘卷却光更深，玉指持来色逾净。（权德舆：旅馆雪晴又睹新月众兴所感因成杂言，同上，3673页）

"珠帘"卷起，使月光更明亮。

"过"则多用于指明一个动作是已经（或需要）结束、完成的，在多数情况下，都是强调动作本身的状态，而不是由于动作的结束造成的状态。如例（2）"书过"，已经写完半卷了。例（4）"来过"，曾经下了雨。例（5）"开过"，"开"的动作已结束。例（7）（9）"问""斟"的动作都尚未进行，但都需要把它结束掉，两者语义重点的差别，使本来很相近的功能（结束、完成），却不能互相通用。在我们收集到的唐代"过"和"却"的例子中，就几乎没有相同的例句，特别是像"关""锁""盛"等动作结束、完成后会造成一种状态的动词（"关""锁"之后造成门被关、被锁的状态），以及"老""冷""红""白"等表示存在状态变化的形容词④，都没有在"过"前出现过。

助词"过"意义的另一个特征是它只表达动作的结束和完成，而不是时间的过去。以上我们提到的例（7）和例（10），两例中陈述的动作都是尚未进行的，从时态来说应是将来时，但其中都用了"过"，表示动作（应当、需要）结束。"过"表示动作的结束和完成而与时间无关的特征，在这些例句中清楚地显示出来。

唐代"过"也出现了个别表示"过去曾经有过这样的事情"或"已有的经验"的用法，如例（6）其中的"往过（邓州）"，犹如现代汉语中说"去过北京"一样，是表示曾经有过某种经历或经验，但类似的例句直到晚唐五代都很少见。

贰

2.1 宋代助词"过"使用仍不多，在《二程集》、宋诗、宋代禅宗语录以及一些笔记中有一些例句，出现的格式，仍以

"动+过"为多，"动+过+宾"虽有用例，但数量较少。如：

（14）又如太史公书，不知周公——曾与不曾看过？（二程集，卷一一）

（15）盛衰阅过君应笑，宠辱年来我亦平。（苏轼：和致仕张郎中春昼，宋诗钞，646页）

（16）吞过百千栗棘蓬，嚼破百千铁酸馅。（续古尊宿语要，卷六，续藏经，卷一一九）

（17）昌拈起桔子云："者个滋味，何似黄龙？"感云："须待尝过始得。"（偃溪广闻禅师语录，同上，卷一二一）

（18）老僧自去年八、九月得病，恰恰半年，是病皆病过，病既多，随分也谙些药性。（无准范禅师语录，同上，卷一二一）

（19）为不合使过父母钱物，赶逐在外，无可奈何。（夷坚志，三志己，二）

这些文献中"过"的用例都比较零散少见，似不足窥见宋代助词"过"使用的面貌。

2.2 宋代"过"出现较为集中的，是朱熹门人所辑的《朱子语类》。

（20）看文字须仔细，虽是旧曾看过，重温亦须仔细。（朱子语类，卷一〇）

（21）"践迹"，迹是旧迹，前人所做过了底样子，是成法也。（同上，卷三九）

（22）如《射法》之属，皆造过，但造得太文，军人划地不

晓。（同上，卷一二七）

（23）即是空道理，须是实见得，若徒将耳听过，将口说过，济甚事？（同上，卷六九）

（24）观《曾子问》中间丧礼之变，曲折无不详尽，便可见曾子当时功夫是一一理会过来。（同上，卷二七）

（25）圣人事事从手头更历过来，所以都晓得。（同上，卷三六）

（26）圣人言语，岂可以言语解过一遍便休了！（同上，卷二六）

（27）然他这个人终是不好底人，圣人待得重理会过一番，他许多不好又只在，所以终于不可去。（同上，卷四七）

（28）草草看过《易传》一遍，后当详读。（同上，卷六七）

从《朱子语类》看，助词"过"在宋代使用的主要特点是：

一、表示"过去曾经有过这样的事情"或"已有的经验"的例子有所增加。如例（20）"曾看过"，例（21）"做过"，例（22）"造过"，例（24）"理会过"，例（25）"更历过"，以及例（28）"看过"，这些例句中的动作都是"曾经"有的，都是表达一种"已有的经验"。这类例句的增多，使助词"过"的功能开始较明显地分为两类。一类如例（23）（26）（27），这些例中的"过"表示动作的"完结"，这种"完结"只是说明动作的状态，与句子所陈述的事件的时态无关，像我们所列举的这三例，就都是一种假设的完结，动作并没有在任何时间中真正进行、完结过。这种用法与唐代出现的大部分例句用法相同，是它们的延续，用现代汉语中的标准划分，它们是"过₁"。表示"曾经"的"过₂"，唐代例子较少（如例6），在当时似乎还不足以构成一个小类。从宋代的例句看，表示"曾经"的"过₂"似可看作是表"完结"的"过₁"在特定语境条件下的产物。试比较例（24）和（27），动词都是"理会"，例（24）是在过去的时间中确实完成了的动作，因此，它是"曾经有"的，留下了的一种"已有的经验"。例（27）则只是一种愿望、假设，动作并没有在过去的时间中进行过，所以，这时的"过"只表示动作"完结"，没有"曾经"的意思，自然也不会是"已有的经验"。也就是说，当表"完结"的"过"用在表述过去发生的事件的句子（语境）中时，它就有了"曾经"的意思，而随着这种句子的增多，表示"曾经"逐渐在"过"的功能中固定下来，形成了一类，这种"过"就变成了"过₂"（我们只是就宋代的例子分析"过"早期形成时的情况，并不是说现代汉语中"过₁"和"过₂"的区别）。

　　唐代"过₂"出现较少的原因，一方面是由于助词"过"刚刚产生，还处在萌芽状态，用例本来就少，而作为其中的一类，使用的自然就更少了。另一方面，可能更重要的原因是，唐代汉语中还有另一个表示事态"曾经"的助词"来"。"来"的基本功能，就是指明一个事件是已经发生过的，是"曾经"的。由于助词体系中有"来"存在，就会把"过"的使用限制在表示"曾经"之外的句子中，减少了它出现的机会。"来"的影响在宋代依然存在，在《朱子语类》中，如果要叙述某一在历史上出现过的事件，一般既使用"过"，也要在其后再加上一个

"来"，以强调事态"曾经"的意思，像以上我们列举的例（24）"曾子""理会过来"，例（25）"圣人""更历过来"，就都是如此。在助词"过"的发展过程中，显示出助词体系对系统内助词功能与发展的一种制约作用，显示出各助词之间互相的影响和限制。⑤

二、带宾语的例句仍不多。在《朱子语类》中我们看到的带宾语的例句，只有例（26）（27）（28）三例，前两例都是数量宾语，例（28）带了一个名词宾语"《易传》"。我们在第一节中曾提到，"动+过"多见，而"动+过+宾"少见，是助词"过"发展不成熟的表现。宋代仍维持这种情况，说明唐宋之际"过"没有得到很快的发展。本来唐宋之际是近代汉语助词迅速发展的时期，但当时表示完成，主要有动态助词"却""了"，表示"曾经"有事态助词"来"，在这两者之间，"过"的发展空间甚小，因此也就不可能迅速发展了。这也再一次说明，一个助词的发展状况，是与整个助词体系的制约分不开的。

叁

3.1 元代以后，"过"表示"曾经"或"完结"的用法都继续使用，例子也开始较多见了。例如：

（29）假告事故官员，既是官司说过教去了来呵，俸钱都合支与，定与限次如是违了呵，依例罚者。（元典章，卷一一，吏五）

（30）种过三十年公田，占谷二百三十五石五斗五升八合二勺。（同上，卷一二，户一五）

（31）从来不曾断过如此体例，乞照验。（同上，卷一八，

户六）

（32）五月二十五日御前看过新斛样制，钦奉圣旨：是有说的体例，交这般行者。（同上，卷二一，户七）

（33）或为不曾附籍，在后本主却于军籍内攒报过人口，为良作贴户。（通制条格，卷二）

（34）获强盗至五人，与一官；其捕盗官及应捕人，如本境失过贼人者，听功过相折。（同上，卷二〇）

以上六例都表示"曾经"的意思。

（35）如已后都省不准，情愿将已支过米粮抵数还官。（元典章，卷一五，户九）

（36）仍将已卖过盐引逐旋缴申，提点官批讫，申覆本路转申省部。（同上，卷二二，户二四）

（37）于秘监燕帖木儿除正分例外，多余取要羊酒面米及祭祀用过猪羊斋料等物。（同上，卷二八，礼一）

（38）今后站户如遇买马，仰本管先行相视过，然后立契成交。（同上，卷三六，兵三）

（39）管匠头目等说称：比及打络过，折耗了，不勾有。（同上，卷五八，工一）

（40）如今拟定体例，与中书省安童为头官人每再商量过闻奏。（通制条格，卷二）

以上六例都表示动作"完结"。

元代不仅用例增多，从句子的格式类型看，也已从宋代的以"动+过"为主，转变为以"动+过+宾"为主，带宾语的例子的数量开始超过不带宾语的例子了。

3.2 明代以后,"过"的功能和意义,仍然维持着宋元的情况,表示"完结"和"曾经"的用法继续使用。表示"完结"的如:

(41)解元,不可入去,这阁儿不顺溜,今日主人家便要打醋炭了,待打过醋炭,却叫客人吃酒。(警世通言,六)

(42)又凡质物值钱者才足了年数,就假托变卖过了,不准赎取。(同上,一五)

(43)待的李娇儿吃过酒,月娘起身。(金瓶梅词话,一五)

(44)欲请舅爷看过,上铁笼蒸熟,与舅爷暖寿哩。(西游记,四三)

表示"曾经"的如:

(45)敬德曰:"臣自佐刘武周,后归陛下,大小约二百余阵,虽不通兵法,也曾见过,适来阵势,未尝见此。"(薛仁贵征辽事略,明成化说唱词话丛刊)

(46)前日已做过百日了。(警世通言,一三)

(47)西门庆道:"去年老太监会过来,乃是学生故友应二哥。"(金瓶梅词话,五八)

(48)你老人家自幼为僧,须曾讲过儒书,方才去演经法。(西游记,三六)

(49)原来这大圣……当年因大闹天宫时,被老君放在八卦炉中,煅过一番。(同上,四一)

和元代比,明代文献中助词"过"使用更多了,而"过"的增多,是伴随着事态助词"来"的减少而来的,大概也正是由于动态助词"过"使用的不断增多，才使得事态助词"来"在明清以后逐渐走向了消亡。

3.3 以上各节中我们简要讨论了动态助词"过"在唐代以后产生和发展的情况，在近代汉语动态助词中，对"过"的研究是比较薄弱的，对它的来源、发展、使用都了解不够，有待于进一步深入研究。

注释

① 参阅吕叔湘《现代汉语八百词》，商务印书馆，1981年。

②④ 参阅本书"却 了"一节。

③ 参阅本书"着"字节。

⑤ 参阅本书"来"字节。

参考文献

刘月华：《动态助词"过$_2$过$_1$了$_1$"用法比较》，《语文研究》1988年第1期。

吕叔湘：《现代汉语八百词》，商务印书馆，1981年。

太田辰夫：《中国语历史文法》，北京大学出版社，1987年。

王力：《汉语史稿》中册，中华书局，1980年。

第四节　将

"将"也是近代汉语中很活跃的一个动态助词，在近代汉语的各个历史时期内，助词"将"出现的结构类型，表达的意义、功能曾发生过许多变化。本节中我们将讨论助词"将"的产生和发展过程。

壹

1.1 魏晋南北朝是助词"将"产生的前期，这个时期出现了用于动词之后的"将"字，即"动+将"结构，但用例比较少见。我们在《古小说钩沉》中看到十例，颜之推《颜氏家训》中有两例，《还冤志》中有两例。基本格式是"动+将+趋向补语"。例如：

（1）晋唐遵……晋太元八年，暴病而死，经时得苏，云：有人呼将去，至一城府。（冥祥记，古小说钩沉）

（2）有二人乘黄马，从兵二人，但言捉将去，二人扶两腋东行，不知几里，便大城如锡铁。（幽明录，同上）

（3）行至赤亭山下，值雷雨日暮，忽然有人扶超腋经曳将去，入荒泽中。（颜之推：还冤志）

（4）若生女者，辄持将去，母随号泣，使人不忍闻也。（同上：颜氏家训，治家）

十四例中，只有一例不带趋向补语，例为：

（5）见一老姬，挟将飞见北斗君。（幽明录，古小说钩沉）

这个时期"动+将"格式中的"将"字还是动词，含有较明显的"携带、挟持"义，所构成的"动+将"结构当是一种连动式。在这种连动结构中，"动+将"之间的关系比较松散，常常可以在中间插入宾语，变为"动+宾+将+补"格式：

（6）有二人录其将去，至一大门，有一沙门据胡床坐。（冥

祥记，古小说钩沉）

也可以在中间插入并列连词，变成"动+而+将+补"格式：

（7）忽有白蛇，长三尺，腾入舟中……萦而将还，置诸房
内。（王嘉：王子年拾遗记）

1.2 魏晋时期，进入"动+将"结构的动词都是及物的（所
见十四例，除以上列举者外，还有"牵、钓、缚、缚录、执
缚"五个动词出现）。这个结构只用于表达一种"携带"性的运
动，动作总是由主体携带对象共同进行的。魏晋时期汉语趋向
补语已相当发达，但"动+将"结构却很少出现，像干宝《搜神
记》中，"动+趋向补语"有三百零一例，其中仅"来、去"充
当趋向补语者就有五十五例。在如此之多的例句中，却没有一
例"将"作补语的"动+将"结构出现，究其原因，大概正是以
上所说的语义限制，影响了它的广泛使用。

这个时期进入"动+将"结构的动词的另一个特点是，有一
部分动词与动词"将"词义相似（如例4"持"、例5"挟"）或
隐含有"携带""挟持"的意思（如例2"捉"、例3"曳"，这些
动词带上趋向补语后，即使没有"将"字，仍然表达一种主语
"携带"宾语运动的意思）。这种情况动摇了"将"字在连动式
"动+将"结构中作为一个并列动词的地位，从而为"将"字以
后的变化提供了条件。

贰

2.1 唐代"将"字有了较大的发展，词性、表达的意义都发
生了一些重要变化，所以，此期由"将"字构成的"动+将"结

构的类型多样化了，使用亦有所增多。我们以《全唐诗》和唐人笔记小说为例，考察唐代"将"字的情况。

2.2 从我们在《全唐诗》中查到的八十一例看[①]，唐代"动+将"结构主要有四种形式：

A．动+将（+宾）+趋向补语

（8）凭人寄将去，三月无报书。（元稹：酬乐天书怀见寄，全唐诗，4486页）

（9）家僮若失钓鱼竿，定是猿猴把将去。（卢仝：出山作，同上，4390页）

（10）扬眉斗目恶精神，捏合将来恰似真。（蒋贻恭：咏金刚，同上，9871页）

（11）送将欢笑去，收得寂寥回。（袁不约：客去，同上，5772页）

唐代"动+将+趋向补语"结构与魏晋相比，突出的区别是"将"字的动词性开始消失，"携带""挟持"的意思没有了，多数例句中作趋向运动的物体，都从主体、宾语双方变成了其中的一方。因此，一些魏晋不出现于"动+将"结构的、只能表示主语或宾语单方运动的动词（如表示授受关系的动词"寄、取、送"等），开始出现于唐代的"动+将+趋向补语"结构中，并且占了很大的比例。同时，也出现了一些表示非趋向性动作的动词，如例（10）的"捏合"。在这种例句中，"将"字虚化的程度显然更高一些。A类格式中"将"字的功能可以分为两类，一种用作趋向补语的标志，表示动作的趋向性，如例（8）

（9）（11）。另一种表示动作完成或获得某种结果等状态，如例（10）。从现有A类例句看，无论是表示"动向"，还是表示"动态"，"将"字均多用于动作已经完成或假设完成的句子里。

随着"将"字词义的虚化，它对前面动词的依附性增强了，所以这个时期"动+将"之间的结合比魏晋要紧密，宾语一般都出现在"将"字之后。

B．动+将+宾

（12）收将白雪丽，夺尽碧云妍。（白居易：江楼夜吟元九律诗成三十韵，全唐诗，4896页）

（13）鸟偷飞处衔将火，人争摘时蹋破珠。（白居易：吴樱桃，同上，5029页）

（14）买将病鹤劳心养，移得闲花用意栽。（李中：赠胸山孙明府，同上，8514页）

（15）谱从陶室偷将妙，曲向秦楼写得成。（王仁裕：荆南席上咏胡琴妓二首之二，同上，8401页）

（16）输将虚白堂前鹤，失却樟亭驿后梅。（白居易：花楼望雪命宴赋诗，同上，4955页）

（17）走却坐禅客，移将不动尊。（李涛：题僧院，同上，9870页）

（18）瓶添涧水盛将月，衲挂松枝惹得云。（韩偓：赠僧，同上，7808页）

如果说A类"动+将"结构中是有一部分"将"字表示动态，那么B类中表示完成或获得结果这种动态，就是它的基本功能了。例（12）（13）"将"与作结果补语的"尽""破"互文，例（14）（15）（18）与表示结果的助词"得"互文，例（16）（17）与表示完成的动态助词"却"互文。上述例中"将"字，无疑都是用来表示动作完成或获得结果这种动态的。

C．动₁+将（+宾）+动₂

（19）骑将猎向南山口，城南狐兔不复有。（岑参：卫节度赤骠马歌，全唐诗，2057页）

（20）携将贮作丘中费，犹免饥寒得数年。（白居易：自喜，同上，5034页）

（21）跨将迎好客，惜不换妖姬。（白居易：有小马……题二十韵，同上，5043页）

（22）常思和尚当时语，衣钵留将与后人。（李涉：题宣化寺道光上人居，同上，5439页）

C类中出现的"动₁"都是表示可持续性动作或动作会产生可持续性结果的动词，加上"将"之后，表示在"动₁"持续的状态下进行"动₂"。"将"的作用，近乎近代汉语中表示持续态的助词"着"。

从表面上看，C类格式中"将"字的功能与A、B两类有所不同，但实际上"持续"本身也正是一些动作的结果，近代汉语表示持续态的助词"着"，就是从表示结果的补语"着"发展而来的。所以C类与A、B两类之间，仍然有着某种联系。

D．动+将

（23）红软满枝须作意，莫教方朔施偷将。（蒋防：玄都楼

桃，全唐诗，5763页）

（24）红芍药花虽共醉，绿蘼芜影又分将。（姚合：欲别，同上，5633页）

（25）道书虫食尽，酒律客偷将。（姚合：喜喻凫至，同上，5702页）

（26）金镞有苔人拾得，芦花无主鸟衔将。（吴融：彭门用兵后经汴路三首之三，同上，7859页）

（27）闲地占将真可惜，幽窗分得始为明。（许书：中秋月，同上，8220页）

（28）何处邀将归画府，数茎红蓼一渔船。（谭用之：贻钓鱼李处士，同上，8670页）

D类大多数用例与B类相似，也是用来表达动作完成或获得结果的状态，所以它也常常和表示结果的补语或助词互文（如例25、26、27）。其中有一些例子，实际上就是B类句式的变换，把其中的宾语移到了"动+将"之前，如例（27）。D类中也有少数例句中"将"字的作用似乎比助词更虚一些，像例（23），在这种例句中"将"字似乎已经变成了一种后缀，没有什么实际意义了。

在我们所见八十一例《全唐诗》用例中，上述四种格式出现的频率大体上相差不多，A类十九例，B类二十三例，C类十七例，D类二十二例。

2.3 唐人笔记小说中"动+将"结构的使用情况与唐诗中相似，唐诗中所见四种格式，笔记小说均有出现。如：

A．动+将（+宾）+趋向补语

（29）奏曰：陛下要寒节杏仁，今臣敕将来。（玉堂闲话，太平广记，卷二六）

（30）奉天城斗许大，更被朱泚吃兵马榅，危如累鸡子，今抛向南衙，被公措大伟，龀邓邓把将他官职去。（嘉话录，同上，卷二六〇）

（31）昌期顾谓奴曰：横驮将来。（朝野佥载，同上，卷二六三）

B．动+将+宾

（32）望与令造一船子，长二尺已来，令娣监将香火，送至扬子江，为幸足矣。（乾膜子，同上，卷三六三）

（33）蒋谓之曰：红贤既裹将仕郎头，何为作散子将脚也？（北梦琐言，同上，卷二六六）

C．动₁+将（+宾）+动₂

（34）女则物化，其家始营哀具，居士杖策而回，乃诟骂，因拘将送于邑。（阙史，同上，卷八四）

（35）弘让奔妇，及丧所，忽闻宫中妇悲泣云：某被大家唤将看儿去，烦君多时某不得已，君终不见弃，大家索君恳求耳。（乾膜子，同上，卷三四四）

（36）牛于一处食草，草不可识，有果作金黄色，牧牛人窃将还，为鬼所夺。（酉阳杂俎，同上，卷四一〇）

D．动+将

（37）国师谓曰：尔之牛，是贾相国偷将，置于巾帽笥中，

尔但候朝时突前告之。（芝田录，同上，卷七八）

（38）将军李楷固，契丹人也，善用缳索，李尽忠之败也，麻仁节、张玄遇等并被缳将。（朝野佥载，同上，卷一九一）

（39）元忠曰：汝为御史，须识礼数，若要元忠头，便将去，何必以锯截将。（神异经，同上，卷二六八）

例（39）亦见于《旧唐书》，例为：

（40）如必须魏元忠头，何不以锯截将，无为抑我承反。（旧唐书，卷一八六上，酷吏上）

散文中"动+将"结构的格式、语义与我们以上所举韵文均很相近。据我们观察，各格式出现的频率，两种文体也很接近。

2.4 以上的分析表明，唐代"将"字已经虚化为一个用法比较复杂的助词，在它所出现的四种"动+将"结构的格式中，表达的意义虽各有不同，但大体上都与动作的状态或方向有关。

叁

3.1 晚唐五代助词"将"所构成的"动+将"结构的格式，开始趋向于统一为"动+将+趋向补语"。对这个时期"将"字的使用情况，我们以产生于长江以南的禅宗史料《祖堂集》和产生于西北地区的《敦煌变文集》两部文献为代表来考察。

3.2《祖堂集》中"动+将"结构共出现十七次，除一例"动$_1$+将+动$_2$"之外，均为"动+将+趋向补语"。这十六例"动+将+趋向补语"和唐代的同类格式一样，也可以分为两类：

A

（41）洞山云："把将德山落底头来。"（祖堂集，2.34）

（42）龟毛兔角杖，拈将来随处放。（同上，2.28）

（43）师云："他时后日若欲得播扬大教去，一一个个从自己胸襟间流将出来，与他盖天盖地去摩。"（同上，2.93）

（44）莫只拟取决容易，持一片衣口食过一生，明眼人笑你，久后总被俗汉弄将去。（同上，4.134）

A类例句中的动词都是表示带趋向性动作的，补语"来""去"等用来表示运动的趋向，"将"字用作表"动向"的补语标志。

B

（45）道吾问："有一人无出入息，速道将来。"（同上，2.72）

（46）讶将去，钻将去，研将去，直教透过。（同上，2.91）

B类例句中的动作都不带趋向性，作补语的"来""去"也已经虚化，不再表示动作的趋向，而是表示动作开始、持续等了。这类例句中"将"字的功能，主要是和补语一起表示某种"动态"（开始、持续、完成等）。

《祖堂集》中"将"字另一个值得注意的现象，是新出现了带复合补语的用例（例43）。这种现象在此期文献中，目前仅见到这一例。

3.3《敦煌变文集》中"将"字的使用情况、出现的结构类型，与《祖堂集》相比更接近唐代的用法，其中还保存着一些《祖堂集》中已经消失了的类型或其变体。

《敦煌变文集》中"动+将"结构共出现一百一十三次，以"动+将+补语"为主，九十七次。在这九十七次中，又以变文中唱白交替间的"唱将来"②为主，有八十一例。如：

（47）欲问若有如此事，经题名目唱将来。（破魔变文，敦煌变文集，345页）

（48）若也捉得师僧，速领将来见我。（庐山远公话，同上，172页）

（49）黑绳系项牵将去，他（地）狱里还交度奈何。（太子成道经一卷，同上，294页）

和《祖堂集》相比，"唱将来"类似其中的B类"动+将+补语"，动作是不带趋向性的，补语也已经虚化，不再表示运动方向了。但在《敦煌变文集》中，可以列入B类"动+将+补语"的只有"唱将来"，其他十六例，除以上列举的例（48）（49）外，出现的动词还有：引、请、捉、绕、诱、送、遣、索等，作补语的主要是"来"，动词和补语成分的趋向性都很明显，大体上都相当于《祖堂集》中的A类用法。除去"唱将来"外，像《祖堂集》中动词不带趋向性，补语也虚化了的B类用法，在变文中还没有出现。

《敦煌变文集》中出现居第二位的是一种新的"动+将"格式："被（+主语）+动+将"，如：

（50）天下鬼神，尽被净能招将。（叶净能诗，同上，216页）

（51）小女一身邂逅中间，天衣乃被池主收将。（搜神记，同上，883页）

（52）明达载母遂（逐）农粮，每被孩儿夺剥将。（孝子传，同上，908页）

这类例句共十例。这种宾语提到"被"字之前的格式，是"动+将"结构与"被"字句融合的产物，只有如此，它才能满足"被"字句一般不带宾语和要带表示完成或获得结果的补语的双重要求。这种用"被"字加入而造成宾语移位的"动+将"格式，实际上是"动+将+宾"的一种变体，它表达的意义也明显地带有原格式的痕迹。

同时，变文中也还有少量的"动+将+宾"和"动$_1$+将（+宾）+动$_2$"格式继续使用（各三例）：

（53）领将陵母，髡发齐眉……转火队将士解闷。（汉将王陵变，同上，43页）

（54）阿娘不忍见儿血，擎将写（泻）着粪堆（堆）傍。（孔子相托相问书，同上，235页）

（55）无量阿僧只世界，七宝持将惠有情。（金刚般若波罗蜜经讲经文，同上，442页）

《敦煌变文集》中"动+将+补"、"被（+主）+动+将"、"动+将+宾"、"动$_1$+将（+宾）+动$_2$"四种格式出现的比例，如果不把"唱将来"算进去，是16：10：3：3。后三种格式在出现频率上与第一种有明显差距，整个格式呈现出向"动+将+补"统一的趋势。

3.4 比较《祖堂集》和《敦煌变文集》中"将"字的使用情况，可以看出，尽管都在发展，但变文中无论是结构类型的统一，还是在所表达的语义的虚化程度上，都明显落后于《祖堂集》。作为同一时期不同地域的两部作品，这种情况表明，"将"字的发展从晚唐五代起，可能在不同地区出现了发展不平衡的现象，南方的发展可能比北方要快一些。

肆

4.1 宋代"将"字的使用情况，沿着晚唐五代所显示的趋势进一步向前发展。

在部分北宋早期的文献中，还可以见到少量的"动+将+宾"格式使用，如：

（56）记将北朝曾差教练使王守源、副巡检张永、勾印官曹文秀计会，……已立定鸿和尔大山脚为界，此事甚是明白。（沈括：乙卯入国奏请，续资治通鉴长编，卷二六五）

在另一些同期或以后的两宋江南及中原籍作者的作品中，出现的就主要是"动+将+补"格式了。如：

（57）又问："如何是实相？"师曰："把将虚底来。"（景德传灯录，卷五）

（58）师却问："并却咽喉唇吻道将来。"颠曰："无这个。"（同上，卷一四）

（59）师曰："好个问头，依法问将来。"（同上，卷二六）

（60）持片衣口食空过一生，明眼人笑汝，久后总被俗汉算将去在。（同上，卷九）

（61）存养熟后泰然行将去便有进。（二程语录，卷五）

（62）致知工夫，亦只是且据己所知者，玩索推广将去。

（朱子语类，卷一五）

（63）明明道不在言语上，何必用三寸舌头带将出来。（虚堂和尚语录，大藏经，卷四七）

以上四种语录中，《景德传灯录》中有"动+将+补"和"动₁+将（+宾）+动₂"两种格式出现，共四十六次，两者比例为43∶3。其他三种语录中只用"动+将+补"，二程用七次，《朱子语类》卷五至十五用四十九次，虚堂用十九次。作补语的成分《景德传灯录》多用"来"，有三十一例；少用"去"，有十二例。另三种文献情况相反，都以"去"为主，少用"来"，如《朱子语类》中所见四十九例，四十八例为"去"，"来"仅一见。这种状况，可能主要还是地域差别造成的，同时《景德传灯录》的时间（1002年）性质（编集前代禅宗和尚的语录）也会带来一定的影响。

4.2 宋代"将"字的意义，与唐、晚唐五代相比，更偏重于表示动态，在《朱子语类》中，表动态例句的比例，已占到80%以上。同时，我们上节提到的趋向动词"来""去"在补语位置上虚化而表示动作开始、持续或完成的语法意义的倾向，也日趋明显。试比较：

（64）读书理会道理，只是将勤苦捱将去，不解得不成。（朱子语类，卷一一）

（65）如此逐旋捱去，捱得多后，却见头头道理都到。（同上，卷一〇）

（66）若平日不曾养得，临事时便做根本功夫，从这里积将

去。（同上，卷一二）

（67）读书，只恁逐段子细看，积累去，则一生读多少书。（同上，卷一〇）

　　两组例句（64、65和66、67）中是否有"将"字，对意义似并不产生什么明显的影响。由于趋向补语"来""去"的虚化，"将"字在部分句子中可有可无的情况，和以后"了"字的兴起，大概就是导致"将"字在现代汉语中基本消亡的原因。

　　以上四种宋代语录中，复合趋向补语仍少见，仅虚堂用了两次。值得注意的是，《朱子语类》中"将"字虽不带复合补语，却出现了"了"字带复合补语的例子。

（68）如遇试则入去，据己见写了出来。（同上，卷一三）

　　这种情况表明，"了"字在"动+将+补"结构中取代"将"的过程，从南宋已经开始了。

　　4.3 宋代开始的"了"取代"将"的过程似乎进行得并不顺利，例（68）"了"带复合补语的情况，元代又消失了。而在宋元之际受北方影响较多的作品中，"将"的发展与江南、中原地区作品相比，仍要稍慢一些，保留的"动+将+宾"格式也较多一些。如：

（69）昨日是个七月七日节，我特地打将上等高酒来，待和你赏七月七则个。（大宋宣和遗事）

（70）你可传将寡人圣旨，说与李师师。（同上）

　　《大宋宣和遗事》用"动+将"结构仅此两例，一带补语，一带宾语。

（71）时下间，便带将他的老小、部所属军，不辞黄巢，迤逦向同州路去。（新编五代史平话，梁史平话卷上）

（72）他前时不肖，被我赶将出去。（同上，汉史平话卷上）

（73）被那地分捉将郭威去，解赴黎阳县打着官司。（同上，周史平话卷上）

《新编五代史平话》中有十四例"动+将"结构，七例带宾语，七例带补语（内含五例复合趋向补语）。

（74）赚将臣身，研为肉酱，与天下诸侯食之。（全相平话五种，三国志平话卷上）

（75）王翦班师，虏将赵王归秦。（同上，秦并六国平话卷中）

（76）文武近臣扶将楚王起来坐定，进上安魂定魄汤饮了方醒。（同上）

《全相平话五种》中，"动+将"结构使用较多，其中仅《秦并六国平话》就使用了五十一次。三例带宾语，四十八例带补语（复合补语两例）。

这几种文献中作补语的趋向动词也多含义较实，不少例子都接近《祖堂集》中的A类用法。

4.4 经过元代的停顿之后，明代以后"动+将"结构又有了新发展，带宾语的少了，带补语、特别是复合趋向补语的日趋增多。如：

（77）大虫去了，一盏茶时，方才扒将起来。（水浒，一）

（78）不想上了不过一箭多远，那骡子忽然窝里放炮的一闪，把那白脸儿狼从骡子上掀将下来。（儿女英雄传，五）

（79）柳妈妈吃了一惊，呼儿叫肉，啼哭将来。（古今小说，二九）

（80）一来也亏侯小槐会让得紧，二来也亏了他渐渐的病得恶不将来。（醒世姻缘传，四一）

4.5 明代以后"动+将"结构重新得到发展，但同时由于"了"的兴起，"将"也开始走向消亡。在一些以往用"将"字的述补结构中，"了"逐渐代替了它。如：

（81）这秃驴倒是个老贼，这般险峻山冈，从这里滚了下去。（水浒，九）

（82）雪梨篮儿也丢出去，那篮雪梨四分五落滚了开去。（同上，二八）

这种变化，我们还可以从《老乞大》及清代新编的《老乞大新译》《重刊老乞大》之间句子的变化中看到：

（83）带肋条的肉买着，大片儿切着，炒将来着。（老乞大）

（84）带肋条的就好，大片切着。炒来吃罢。（老乞大新译）

（85）带肋条的就好，大片切着，炒来罢。（重刊老乞大）

《老乞大》成书于十四世纪，早期版本虽可能有明人改动过，但大体上仍是反映元代北方话的，《老乞大新译》成书于1761年，《重刊老乞大》成书于1795年，反映的应是清代的北方话，看来，在清代的北方话中，可能已以不用"动+将"结构为常了。③

伍

5.1 "将"字及其构成的"动+将"结构从魏晋南北朝到宋元的发展变化过程，可以归纳为下表。

年代	篇目	类型 动将补	动将宾	动₁将动₂	动将	被主动将
魏晋南北朝	古小说钩沉	10				
	颜氏家训	2				
	还冤志	2				
唐	全唐诗	19	23	17	22	
晚唐五代	祖堂集	16		1		
	敦煌变文集	97	3	3		10
宋元	景德传灯录	43	1	2		
	二程语录	7				
	朱子语类	49				
	虚堂语录	19				
	大宋宣和遗事	1	1			
	五代史平话	7	7			
	秦并六国平话	48	3			

表中数字显示，唐代以后，助词"将"的使用向"动+将+补"格式归并，语法意义趋向于单一，这个变化，是和同期内汉语语法、助词体系的变化一致的。

5.2 魏晋南北朝是汉语补语在两汉基础上广泛发展的时期[④]，"动+将"结构在这个背景下产生，并从连动式向动补式发展，"将"字开始了从动词向助词转化的过程。

唐代汉语语法体系发生了重要变化，其中尤为显著的一点就是新产生了一批助词，有表示动作完成的"却""了"，表示持续的"着""取",表示结果的"得"等等。它们使用上的突出特点是不稳定,意义上常有交叉,常常是一个助词同时具有几个意思,或几个助词具有一个相近的意思。这种不稳定、交叉的现象,应当是从使用补语(用多个实词表达一种语法意义)到使用助词(用一个专门的虚词表达一种语法意义)这一转变中留下的痕迹。唐代助词的这个特点,在动态助词"将"的使用中,表现尤为突出。

从晚唐五代开始,近代汉语各个助词的功能、意义趋向于单一。在这个过程中,有些助词在体系中站住了脚,保留下来,有些助词由于各种各样的原因被淘汰掉了。"将"字从晚唐五代到宋,功能逐渐规范为作表示动态或动向的补语标志,格式统一为"动+将+补"。宋以后经过元代的反复,终于随着助词系统的调整和助词"了"的发展,逐渐走向消亡。[⑤]从晚唐五代以后的材料看,"将"字在这个时期内的发展进程,在不同的地域中快慢有所不同。

注释

① 《全唐诗》我们主要统计了1、2、3、4、11、12、13、14、15、17、18、19、22、23、24、25等16册,并抽查了其他册。

② 变文中除"唱将来"外,还有"唱罗罗""唱唱罗""唱将将""唱将罗罗"等多种说法,这几种说法无论其中是否含有"将"字,均未作为"动+将+补"统计进去。

③ 例(83)—(85)引自康寔镇《〈老乞大〉〈朴通事〉研究》,台

湾学生书局，1985年。另外，现代汉语普通话中"动+将"结构
虽已不用，但在华北、西南及安徽、山西诸方言中多有保留，这
一方面说明"将"字在北方地区发展确实慢于南方，另外，我们
也可以据此推测，普通话（官话）中"将"字的消失也应是较晚
的事情。

④ 请参阅何乐士《〈史记〉语法特点研究》等文章，载《两汉汉语
研究》，山东教育出版社，1984年。

⑤ 宋以后"将"字使用、消亡情况及其与"了"的关系，请参阅陈
刚《试论"动—了—趋"式和"动—将—趋"式》，《中国语文》
1987年第4期。

第五节 取

"取"也是近代汉语中新产生的一个动态助词，本节中我们
讨论它的产生发展过程。

壹

1.1 "取"字本是一个表示"取得""得到"义的动词，和
其他动态助词的发展过程一样，在它成为助词之前，也有一个
在连动结构中充当并列动词和在述补结构中作补语的阶段。当
"取"字充当并列动词和补语时，它就出现在"动+取"和"动+
取+宾"两种格式里，这两种格式出现的时间，可能是在魏晋南
北朝。例如：

（1）春月，蜂将生育时，捕取三两头着器中，蜂飞去，寻将

伴来，经日渐益，遂持器归。（张华：博物志）

（2）打取杏仁，以汤脱去黄皮，熟研，以水和之，绢缕取汁。（贾思勰：齐民要术，卷九）

（3）文规有数岁孙，念之，抱来，左右鬼神抢取以进，此儿不堪鬼气，便绝，不复识人，文规索水噀之，乃醒。（甄异传，古小说钩沉）

（4）桐郎复来，保乃斫取之，缚著楼柱。（祖台之志怪，同上）

（5）复有一身，疑是狐狸之类，因跪急把取，此物却还床后，大怒曰："何敢嫌试都尉？"（幽明录，同上）

（6）音、侯伏地失魂，乃缚取考讯之。（搜神记，太平广记，卷四四七）

1.2 以上六例中，例（5）无疑应当是一个连动式，"把取"就是"把而取之"，两个动词前一个表示动作的方式，后一个表示动作的目的，这种由动作方式和目的构成的连动式，在魏晋是一种常见现象。

其余五例，"取"都有"取得"的意思，表示动作获得的结果。从语义关系上看，宾语既是第一个动词的，又是"取"字的，似乎说它们是连动式或述补式均可。考虑到魏晋南北朝时期汉语连动式和结果补语的发展状态，以及"取"字在唐代的使用情况，似以分析为连动式较为合理。

贰

2.1 唐代"取"字仍在"动+取"和"动+取+宾"两种格式中使用，用例的数量迅速增多，在笔记小说、唐诗等各类文献中，都可以见到较多的例句。同时，格式内部的语义关系，"取"所表达的意义和词性，也都发生了很大变化。下面我们以"取"字所表达的意义为线索，考察其在唐代的使用情况。

2.2 A. 表示动作实现或获得结果

（7）少顷，度方见缇褶在旧处，知其遗忘也，又料追付不及，遂收取，以待妇人再至。（摭言，太平广记，卷一一七）

（8）公即挽林梢之竹，似桔槔，末折堕地，女接取其末，袁公操其本以刺处女，处女应节入之三。（吴越春秋，同上，卷四四四）

（9）老人抚之，谓仲殷曰："止于此矣，左右各教取五千人，以救乱世也。"（原化记，同上，卷三〇七）

（10）谁将古曲换斜音，回取行人斜路心。（王建：斜路行，全唐诗，3388页）

（11）衡阳刷羽待，成取一行回。（刘禹锡：喜俭北至送宗礼南行，同上，4167页）

（12）合取药成相待吃，不须先作上天人。（张籍：赠施肩吾，同上，4360页）

（13）愿持精卫衔石心，穷取河源塞泉脉。（王睿：公无渡河，同上，5742页）

（14）凭君画取江南胜，留向东斋伴老身。（张祐：招徐宗偃画松石，同上，5839页）

（15）待取满庭苍翠日，酒尊书案闭门休。（李群玉：移松竹，同上，6610页）

（16）一声歌罢刘郎醉，脱取明金压绣鞋。（李郢：张郎中宅戏赠，同上，6855页）

（17）殷勤润取相如肺，封禅书成动帝心。（陆龟蒙：奉和袭美谢友人惠人参，同上，7187页）

（18）嫁取个，有情郎，彼此当年少，莫负好时光。（明皇帝：好时光，同上，10040页）

在前面分析魏晋南北朝时期"动+取+宾"格式内部的语义关系时，我们曾指出当时该格式内的宾语是动词和"取"字共有的。唐代情况发生了变化，以上例句中，从例（8）开始，以后的十一例，宾语基本上都只是动词的，而不是"取"字的。如例（9）"教取五千人"，"五千人"是"教"的对象，而不是"取"的对象，在这里"取"字只表示动词"教"获得了结果，和动态助词"得"的功用相近。这种语义关系的改变，是由带"取"的动词的变化造成的。在魏晋南北朝，带"取"的动词都是一些本身有"取得"义（如：捕、把）或以"取得"为目的（如：打、研）的动词，在这种情况下，动词的宾语，自然也就会是表示"取得"的"取"字的宾语，"取"字也必定是表示"取得"义的并列动词或补语。唐代带"取"的动词扩大到了不带"取得"义及不以"取得"为目的、结果的动词，像我们以上列举例句中的"回、成、合、穷、画、待、脱、润、嫁"等等，这些动词有些与"取""与"无关，有些隐含有"与"的意思，在这些动词之后，"取"不可能再表示其"取得"的动词义，而只能表示动作的实现和动作结果的获得了。此时，"取"字从表达具体的词汇义发展为表达一种抽象的语法义，从实词变成了动态助词。

在唐代的A类例句中，动词带"获得"义与不带者均有，从我们收集到的近一百条此类例中的五十二个动词看，出现频率较高的是：画、买、待、领、收，各四例。其中"买、领、收"是带有"获得"义的，"画、待"则没有，这种情况表明，唐代"取"字对其前面的动词已经没有什么特别的选择要求，它的词义已经虚化，基本上从动词演变成助词了。

"动+取（+宾）"在唐代主要用于一些表示已然或假设条件的句式，这可能与"取"的语义有关。

2.3 B. 表示动作状态的持续

（19）师入曰："和尚厄且至，但记取去岁数日莫出城，莫骑骏马子。"（逸史，太平广记，卷八四）

（20）婆出，当有一人与婆语者，即记取姓名，勿令漏泄。（朝野佥载，同上，卷一七一）

（21）若遇丈夫皆调御，任从骑取觅封侯。（秦韬玉：紫骝马，全唐诗，198页）

（22）千官待取门犹闭，未到宫前下马桥。（王建：宫词，同上，3878页）

（23）少年留取多情兴，请待花时作主人。（刘禹锡：酬思黯代书见戏，同上，4124页）

（24）人生只有家园乐，及取春浓归去来。（薛能：春题，同上，6511页）

B类"取"字的作用相当于持续态助词"着",用于表示动作、状态的持续。B类用法的产生,是"取"字、带"取"的动词及语境三者共同造成的。B类用法中,"取"字的功能仍是表示动作的实现和获得成果,但这种实现和获得成果的内容,对不同类型的动词是不一样的。我们在分析助词"着"时曾提到,持续状态本身就是某些动作的一种结果。对有些动词来说,它的实现就是一种持续状态的产生,如动词"记"的结果就是保持某种记忆;"留"的结果就是将某种物体存在的状态保持下去。当这类动词带上一个表示动作实现或获得结果的助词时,必然就表达一种动作结果持续的状态。另外,还有一些动词是动作自身可以持续的,像"骑",它的实现就是这一动作不间断地进行,当然也是一种动作持续的状态。所以,当表示动作实现和获得结果的助词"取",与这类表可持续动作或产生可持续性动作结果的动词结合之后,就有可能产生B类用法。第三个条件是语境,在A类中我们曾提到,A类多用于表示已然或假设条件的句子,B类则多是陈述现实或即将出现的状态的句子。试比较例(15)和例(22),两例中动词均为"待",是动作持续性动词,例(15)是表假设完成的条件句,表示在获得结果(动作结束)后,将发生什么变化;例(22)是陈述现状,表示在动作持续状态下,出现了什么情况。不同的语境。造成了不同的意义。

2.4 C. 词缀

(25)谓李公曰:"慎勿多言,领取十年宰相。"(甘泽谣,太平广记,卷九六)

（26）汝看此样，绣取七躯佛子，七口幡子。（通幽录，同上，卷三四〇）

（27）美人倚栏独语，悲叹久之，澹注视不易，双鬟笑曰："憨措大，收取眼。"（裴铏：传奇）

（28）不信比来长下泪，开箱验取石榴裙。（武则天：如意娘，全唐诗，393页）

（29）古歌旧曲君休听，听取新翻杨柳枝。（白居易：杨柳枝，同上，397页）

（30）劝君莫惜金缕衣，劝君惜取少年时。（薛能：金缕衣，同上，406页）

（31）欲识桃花最多处，前程问取武陵儿。（独孤及：送别荆南张判官，同上，2779页）

（32）州人若忆将军面，写取雕堂报国真。（薛能：许州旌节到作，同上，6517页）

（33）合是赌时须赌取，不妨回首乞闲人。（冯衮：掷卢作，同上，6914页）

C类"取"字不是用来表示动态的，这类例句：1. 都是陈述一些未然的事件；2. 都带有祈使、劝诱的意思。既然动作尚未进行，当然也就无所谓动作实现或获得结果了。在这种情况下，"动+将"就等于"动"，要求或劝说动作主体做某种动作。像例（26），"绣取"就是要求对方"绣"，例（27）则是要求对方"收"，例（33）是劝导对方在应"赌"时就"赌"。这些"取"字词义更虚，没有明确的语法功能，只是一种词缀。这些作词

缀的"取"字，应当是在动态助词"取"广泛应用的基础上派
生出的，它在现代汉语中也仍保留在一些凝固了的双音动词中。

叁

3.1 宋代以后，"取"字上述三种用法都继续使用。例如：

A．表示动作实现或获得结果

（34）南屏水石，西湖风月，好作千骑行春，尽图写取。
（张先：破阵乐，全宋词，69页）

（35）江上买取扁舟，排云涌浪，直过金沙尾。（刘仙伦：
念奴娇，同上，2209页）

（36）一片樵林钓浦。是天教，王维画取。（史达祖：龙吟
曲，同上，2345页）

（37）佛法宗乘，元来由汝口里安立名字，作取说取便是
也。（五灯会元，卷八）

（38）便是不得，须是读熟了，文义都晓得了，涵泳读取百
来遍，方见得那好处。（朱子语类，卷八〇）

（39）今又留取药在，却是去得一病，又留取一病在。（同
上，卷一〇三）

A类例句在宋代呈减少的趋势，这可能主要是由于助词
"得"的广泛使用。在唐五代"得"和"取"的语义、作用都有
相似之处，例如：

（40）说得一丈不如行取一尺，说得一尺不如行取一寸。
（筠州洞山悟本禅师语录，大藏经，卷四七）

（41）说取一丈不如行取一尺。（祖堂集，5.1）

例（40）（41）是同一句话，在两种禅宗史料中，一作"说得"，一作"说取"，"得"和"取"都是动态助词，表示动作获得结果或完成，互换之后，语义没有变化。到宋代以后，"得"字有了进一步的发展，"取"字必然相应地减少。这种趋势到南宋时尤为明显，《朱子语类》中，"取"字仅用了数十例，"得"字则大量使用。这种变化，是汉语助词体系进一步简化、成熟的表现。

B．表示动作状态的持续

（42）学士如此言，必是别有文字。且请牢收取。（沈括：乙卯入国奏请，续资治通鉴长编，卷二六四）

（43）留取帐前灯，时时待，看伊娇面。（柳永：菊花新，全宋词，38页）

（44）开取口，合不得。（五灯会元，卷八）

（45）刘公谓同舍曰："宏中请致仕为年若干也？"答者曰："郑年七十三矣。"刘公遽曰："慎不可遂其请。"曰："何故也？"刘曰："且留取伴八十四底。"（张耒：明道杂志）

（46）见得是善，从而保养取，自然不肯走在恶上去。（朱子语类，卷一一三）

（47）金华门外徐氏，开药案，叟抱沙糖空瓮与之曰："收取杀烊炭。"（夷坚志，三志己，六）

B类例句的使用情况，与唐代大体相同。

C．词缀

（48）遇良辰，当美景，追欢买笑。腾活取百十年，只恁厮

好。（柳永：传花枝，全宋词，20页）

（49）愿教清影长相见，更乞取长圆。（张先：相思儿令，同上，60页）

（50）更明年看取，东阡北陌，黄云万里。（杨无咎：水龙吟，同上，1178页）

（51）汝即有如是奇特当阳出身处，何不发明取。（五灯会元，卷一八）

（52）昨夜风雷黑暗中，闻神人言：且救取蔡通判一家。（夷坚志，支戊，四）

（53）临去言：从今日以后，且领取三十年安乐。（同上，三志辛，三）

从以上例句可以看出，C类也维持了唐代的用法，功能、意义变化不大。与A、B两类相比，C类在宋代使用较多，特别是在宋词里。

3.2 宋代"取"字用法上的变化，主要有以下几点：

一、出现了少量"动+取+补语"的用例，如：

（54）春宜留取住，人却推将去。（郭应祥：菩萨蛮，全宋词，2217页）

（55）今即要理会，也须理会取透，莫要半青半黄，下梢都不济事。（朱子语类，卷九）

（56）其如知得某人诗好，某人诗不好者，亦只是见已前人如此说，便承虚接响说取去。（同上，卷一一六）

以上三例"动+取+补语"意义各有不同，例（54）表示"可能"，（55）表示"结果"，（56）表示"持续"。这种用例在唐代尚未见到，宋代也极少见。其中例（56）表"持续"者，当是B类用法的引申。例（54）（55），在唐代均可用"得"，如：

（57）会待路宁归得去，酒楼渔浦重相期。（褚载：寄进士崔鲁范，全唐诗，7993页）

（58）深水有鱼衔得出，看来却是鹭鹚饥。（杜荀鹤，同上，7982页）

例（57）"归得去"和例（54）"留取住"一样，都表示具有某种可能；例（58）"衔得出"和例（55）"理会取透"一样，都表示动作获得的结果。"得"字这些用法的出现，比"取"字要早几百年，"取"字带补语的用法，应当是在带补语的"得"字影响下产生的。

二、出现了用作副词词缀的例子，如：

（59）官居只似私居样，管取寒松最后彫。（郭应祥：鹧鸪天，全宋词，2221页）

（60）二姐你莫烦恼，我与你催促医人下药，管取安好。（夷坚志，支癸，八）

（61）而今人只办得十日读书，下着头不与闲事，管取便别。（朱子语类，卷一一）

这类例子目前仅见到"管取"一个，数量亦较少。就其来源看，应是从C类中派生出的，但其与"管"的结合比C类似更紧密，有些像一个双音词。

三、双音节动词带"取"者增多，例（55）我们曾列举了

"理会取"，此外《朱子语类》中还有"体认"等其他双音节动词多次出现。宋以前也有双音节动词带"取"的例子，但没有宋代这样多，这种变化是与近代汉语中复音词不断增多的趋势相一致的。双音动词的出现也没有对"取"字本身的功能和使用，产生什么影响。

3.3 以上对宋代"取"字使用情况的分析表明，"取"字在这个时期发展不大，使用也在下降，这种趋势是当时助词体系发展的结果。近代汉语动态助词基本上都是经过魏晋南北朝的酝酿，唐代萌芽，晚唐五代出现，从晚唐五代到宋，是动态助词发展较快的时期，在这个时期内，动态助词系统内部经过一系列的调整，使分工趋向单一，在调整过程中，"取"字表示动作结果、完成，与"得、了"的功能重复，表示动作持续，与"着"相同，在这几个助词的夹击之下，"取"没有自己独立的功能，也就丧失了存在的条件，必然地走向了衰落。

肆

4.1 元明以后，"取"字用得更少了，用例中三种用法虽还都能见到，但三者间的比例，出现了变化。下面是元明两代"取"字的用例：

A．表示动作完成或获得结果

（62）有那大虫要来伤诛牛只，被宝成将大柴棒赶去，夺取牛回。（新编五代史平话，周史平话，卷上）

（63）愿儿一举身及第，布衣换取锦衣郎。（新刊全相说唱张文贵传，明成化说唱词话丛刊）

B. 表示动作状态持续

（64）彦超以为信，佩取弓箭，跃马奋击。（新编五代史平话，周史平话，卷上）

（65）我今与你同一姓，记取张青救你身。（新刊说唱包龙图断曹国舅公案传，明成化说唱词话丛刊）

C. 词缀

（66）看来只好学取长枪大剑，乘时作乱，较是活计。（新编五代史平话，梁生平话，卷上）

（67）依随哥哥西川去，同共认取关将军。（新编全相说唱足本花关索出身传，明成化说唱词话丛刊）

从元代以后，AB两类用法更少了，C类占的比重却越来越大，在《新编五代史平话》二十余例"取"字中，AB两类加起来不及十例，占不到例句的一半。

4.2 明代以后的文献中，"取"字就更少了，文学作品（主要是白话小说）中散见一些，其使用是否真正反映当时的实际语言，颇值得怀疑。到现代，只有在"听取""领取""夺取"等双音动词中才能见到其踪迹，作助词的用法已不复存在了。

第六节 得

"得"也是近代汉语中常用的一个动态助词，主要用于表示动作获得结果或完成、实现。本节中我们简要叙述一下有关助词"得"的情况。

壹

1.1 "得"本为动词，义为"获得"。从先秦开始，动词"得"就有用于带有"取得"义的动词之后，构成连动结构，表示通过某种动作而获得某种结果的例子。①如：

（1）如求得其情与不得，无益损乎其真。（庄子，齐物论）

（2）孟孙猎得麑，使西巴持之。（韩非子，说林上）

汉代以后，这种连动式的"动+得（+宾）"结构使用逐渐增多，但因动词"得"的词义所限，与之连用的动词，基本上仍为与"取得"义相关的词。如：

（3）其先曰李信，秦时为将，逐得燕太子丹者也。（史记，李将军列传，卷一〇九）

（4）宋元王之时，渔者网得神龟焉。（论衡，讲瑞）

只有个别用例，其中的动词"取得"义不明显。如：

（5）谓妊娠之时，遭得恶也。（论衡，命义）

例（5）中"遭"义为"碰到"，本身不含"取得"的意思，加"得"之后，表示因"遭"这个动作而得到的结果，这种用法近似于一种表示完成、实现的述补结构。②

1.2 魏晋南北朝以后，这种没有"取得"义的动词与"得"连用，表示某种动作获得某种结果的例子，逐渐出现了一些。如：

（6）祥尝在别床眠，母自往闇得之，值祥私起，空斫得被。（世说新语，德行）

"斫"字显然没有"取得"的意思，不添上"得"，就不能表示这个动作的结果是什么；而同时，由于"斫"没有"取得"义，

"得"字的词义，与原动词义"获得"也有了较大的不同。这样，此例中的"动+得+宾"，从表达的语义看，已经大体上是一种述补结构了。但这种例子在魏晋南北朝还不多见，在《世说新语》中也仅此一例。

贰

2.1 继魏晋南北朝之后，唐代"得"用作补语的例子迅速增多，同时又在补语的基础上进一步发展，虚化成动态助词，在多种格式中使用。

2.2 "动+得（+宾）"是唐代"得"字使用的基本格式之一。这个时期"动+得（+宾）"使用的主要特征是：1. 大量出现，在唐代各种类型的文献中，都可以看到许多用例。2. 格式内开始出现较多的不带"取得"义的动词。3. 由于动词及"得"字语义、功能的变化，部分例中的"得"字已经发展成动态助词。

唐代"动+得（+宾）"中仍有相当一部分是表示通过某种动作而获得某种结果的，这种例子中的动词有带"取得"义的，也有没有"取得"义的。

（7）买得西施南威一双婢，此婢娇娆恼杀人。（卢仝：与马异结交诗，全唐诗，4383页）

（8）敕赐金钱二百万，洛阳迎得如花人。（白居易：母别子，同上，4705页）

（9）前史说，蜀少城饰以金璧珠翠，桓温恶其太侈，焚之，合在此地，合拾得小珠。（酉阳杂俎，太平广记，卷四〇二）

（10）郑迢曰：某迢思得诗一首以赠。（潇湘录，太平广记，卷四〇一）

以上例中动词"买、迎、拾"都含有"取得"义，"思"则没有，不管是有"取得"义，还是没有"取得"义，这些"动+得+宾"格式都是表示通过一个动作而获得一个结果，这类例子中的"得"，都还有动词"得"的痕迹，整个格式，也都应当还是述补结构。

另外一些"动+得（+宾）"格式则不是强调动作获得了什么结果，而是用来表达一种动作完成、实现的状态。例如：

（11）我令之罘归，失得柏与马。（韩愈：招杨之罘，全唐诗，3808页）

（12）嫁得梁鸿六七年，耽书爱酒日高眠。（白居易：答谢家最小偏怜女，同上，4851页）

（13）病来才十日，养得已三年。（同上：病中哭金銮子，同上，4852页）

（14）两瓶箸下新开得，一曲霓裳初教成。（同上：湖上招客送春泛舟，同上，4966页）

（15）牡丹枉用三春力，开得方知不是花。（司空图：红茶花，同上，7264页）

（16）母不识字，令写得经，及凿屋柱以陷之，加漆其上，晨暮敬礼。（报应记，太平广记，卷一〇七）

（17）顷为人所掳，至岳州，与刘翁媪为女，嫁得北来军士任某。（稽神录，同上，卷三五五）

（18）我坐此罪，变作母猪，生得两儿，被生食尽。（法苑珠林，同上，卷四三九）

（19）妻谓之曰：村人将猎，纵火烧山，须臾皆云，竟未与徐郎造得衣，今日之别，可谓邂逅矣。（建安记，同上，卷四六二）

（20）传得南宗心地后，此身应便老双峰。（东阳夜怪录，同上，卷四九〇）

以上例（11）（12）（17）（20）中动词"失、嫁、传"都有"失去、授与"义，例（13）（14）（15）（16）（18）（19）中的动词，无所谓取与，这些例中的"动+得（+宾）"格式所表达的语义，都是动作的实现或完成的状态，"得"的功能，与动态助词"了"相近。这种表示完成的"得"，较之表示结果的，词义上又虚化了一步，它们已经从补语变成了助词。

2.3 唐代"得"字构成的另一种格式是"动₁+得（+动₂）"，表达在动₁进行、持续的情况下进行动₂，或是动₁动作状态的持续，用法近于动态助词"着"。如：

（21）紫冠采采褐羽斑，衔得蜻蜓飞过屋。（王建：戴胜词，全唐诗，3376页）

（22）摘得菊花携得酒，绕村骑马思悠悠。（白居易：九日寄行简，同上，4855页）

（23）更劝残杯看日影，犹应趁得鼓声归。（同上：游城南留元九李二十晚归，同上，4862页）

（24）江上晚来堪画处，渔人披得一簔归。（郑谷：雪中偶

题，同上，7731页）

（25）长戈拥得上戎车，回首香闺泪盈把。（韦庄：秦妇吟，
全唐诗外编，33页）

2.4 唐代由"得"构成的另一种格式是"动+得+补语"。如：

（26）驱禽养得熟，和叶摘来新。（白居易：与沈杨二舍人
阁老同食，全唐诗，4943页）

（27）两地三江踏得遍，五年风月咏将残。（同上：咏怀，
同上，5031页）

（28）深水有鱼衔得出，看来却是鹭鹚饥。（杜荀鹤：鸬鹚，
同上，7982页）

（29）会待路宁归得去，酒楼渔浦重相期。（褚载：寄进士
崔鲁范，同上，7993页）

以上四例中作补语的成分形容词、动词各两例。表达的语
义前三例表示结果，后一例表示可能。"得"字从在述补结构中
作补语，发展到用于动词和补语之间，充当述补结构的标志，
也是其在虚化过程中的一个发展。

2.5 综合以上的例句和分析，"得"字在唐代有四种用法：
作补语，作助词（相当于"了"），作助词（相当于"着"），作
补语的标志。第一种用法中"得"还有动词义，其他三种格式
中的"得"，已经发展成助词了。

叁

3.1 宋代"得"继续大量使用，唐代出现的几种与"得"相
关的语法格式，也都继续出现。

A．动+得+宾

（30）争如这多情，占得人间，千娇百媚。（柳永：玉女摇仙佩，全宋词，13页）

（31）有得许多泪，又闲却，许多鸳被。（辛弃疾：王孙信，同上，1907页）

（32）谁将二十六陂春，换得两堤秋锦。（周密：西江月，同上，3292页）

（33）人心须令著得一善，又著一善。（朱子语类，卷八）

（34）不善是自家做得淫邪非僻底事。（同上，卷三四）

（35）季通理会乐律，大数有心力，看得许多书。（同上，卷九二）

（36）韩世忠却有得一纸，明日当相送赠。（夷坚志，卷一）

（37）只记得阿伯王大与丈夫王三均分祖业……只剩得屋基，却是阿徐请佃。（同上，支丁，六）

"得"字在宋代仍是一个较常用的动词，当时用于"动+得+宾"中的"得"字，也就仍是动词作补语和助词表示完成两类。作补语的"得"，唐以后基本上没有什么大的变化，我们不再举例，以上宋代例句，都是"得"用作助词，表示完成的。从语义上，这类"得"字的特点是只表示动作的实现或完成，整个格式都不表达通过某一动作而获得某个结果的意思。

宋代"动+得+宾"中还出现了一些由趋向动词加"得"之后，带处所宾语的例子，如：

（38）上得坡来总欢喜，摩围依约见峰恋。（黄庭坚，上南陵坡，宋诗抄，912页）

（39）但生生之意，至此退了，到得退未尽处，则阳气依旧在。（朱子语类，卷九五）

此类例句宋代还不多见，但在宋以后的话本、白话小说中，是"得"字最常见的用法之一。

"动+得+宾"是宋代"得"字常见用法之一，使用频率高，格式中出现的动词也丰富多样，显示了很强的生命力。

B．动₁+得（+动₂）

（40）趁得东风汗漫游，见他歌后怎生愁。（辛弃疾：鹧鸪天，全宋词，1943页）

（41）然而所以据此德，又只要存得这心在，存得这心时，那德便有在。（朱子语类，卷三四）

（42）若是夺得那关中便也好住，便且关了关门，守得那里面底也得。（同上，卷九〇）

这类相当于助词"着"，表示动作持续的"得"在宋代已经不及唐代多见了。以宋词为例，我们在辛弃疾、柳永、朱敦儒、魏了翁等十几位词人的一百余例"得"字用例中，只见到例（40）这样一例"动₁+得+动₂"的例子。

C．动+得+补语

（43）纵使青春留得住，虚语，无情花对有情人。（欧阳修：定风波，全宋词，142页）

（44）衣带渐宽终不悔，为伊消得人憔悴。（柳永：凤栖梧，

同上，25页）

（45）大碗盛得多，小碗盛得少。（朱子语类，卷九八）

（46）若看得有精神，自是活动有意思。（同上，卷一一四）

（47）向在浙东祈雨设醮，拜得脚痛。（同上，卷一二六）

（48）须是操存之际，常看得在这里。（同上，卷一一五）

（49）若此心一放，只是个欲私心做得出来，安得有序，安得有和。（同上，卷二五）

（50）德，谓得之于心，有这个物事了，不待临时旋讨得来。（同上，卷三四）

"动+得+补语"是宋代"得"字用的最多的格式，也是发展最明显的格式。这个格式我们在唐代所见例句，作补语的成分基本上是形容词和趋向动词，而到宋代，仅《朱子语类》中我们就看到了有形容词（例45），动宾结构（例46），主谓结构（例47），介宾结构（例48），单、双音节趋向动词等多种。③

另外，能带"得+补语"的除了动词之外，还有用形容词的例子。如：

（51）枕衾冷得浑似铁，只心头，些个热。（杨无咎：天下乐，全宋词，1202页）

3.2 元明清三代，"得"字继续大体上维持宋代的用法。字形除"得"外，兼有作"的"者。

A．动+得+宾

（52）郑成将引雷九俚用木担一条，担得饼面等物，称是郑

定五将此茶饼定你为妻。（元典章，卷四二，刑四）

（53）过的义州，汉儿地面来，都是汉儿言语。（老乞大）

（54）这里多得一贯文，与你这媒人买个烧饼，到家哄你呆老汉。（快嘴李翠莲记，清平山堂话本）

（55）寡人有三十三年天禄，才过得一十三年，还该我二十年阳寿。（西游记，一一）

在元以后"动+得+宾"格式的使用中，带处所、时间宾语（如例53、55）的例子越来越多，成为这一类中的主要形式，而像例（52）这样带一般宾语的例子，则呈减少的趋势。

B．动$_1$+得（+动$_2$）

（56）若有拘收不尽呵，管民官好生提调的收者。（元典章，卷二九，礼二）

（57）这言语听呵，别个城子里将的卖去有。（同上，卷五七，刑一九）

（58）这西门庆笑的往前边来，走到仪门首，只见来保和陈经济，拿着揭帖走来。（金瓶梅，四九）

（59）但只是等我回去，把露水鞋换了，同马大叔把鹌鹑炒的吃了。（歧路灯，六四）

继宋代"动$_1$+得（+动$_2$）"格式的使用开始减少之后，元以后这类表示动作持续的"得"更少了。另外，还有些句子虽然从结构看也是"动$_1$+得（+动$_2$）"，但其中"得"所表达的，却不是唐代以来"得"在该格式中所具有的动作持续义。如：

（60）妇人接的袖了，一直走到他前边。（金瓶梅，七三）

例中"接的（得）袖了"并不是说在动₁持续的状态下进行动₂，而表示在动₁完成之后进行动₂，这种"得"语义近于"动+得+宾"中表完成的"得"。这种用法则近于元明之际助词"了"的一种较为特殊的用法，如：

（61）二哥再吃几杯了去。（水浒，二四）

（62）你且去买一遭了来。（同上，二五）

"了"字这种特殊用法维持的时间很短，与之功能、意义相近的"得"，也很快就消失了。

C．动+得+补

（63）一个鞭挑魂魄去，一个人和的哭声回。（西蜀梦，一，元刊杂剧三十种）

（64）我见了他，心眼儿里爱还爱不过来，那里还说得上话来。（红楼梦，六）

（65）金莲道："俺不如春梅贼小肉儿，他倒听得伶俐。"（金瓶梅，二〇）

（66）那恭维人的本领，他却从佐杂时候，就学得滥熟。（儿女英雄传，一三）

"动+得+补"仍是"得"字最常用的格式，例子极多。与宋代相比，结构的类型趋向于简化，特别是在带形容词结果补语时，从《水浒》《金瓶梅》开始，"得"字后作补语的成分常常是单个的形容词，宋代、元代在补语前后加上宾语（动+得+宾+补、动+得+补+宾）等情况大大减少了，在《红楼梦》《儿女英雄传》中，这种趋势更加明显。

3.3 到现代汉语中，普通话里只有"动+得+补"格式继续使用，其他两种都已消失。方言中仍有不同程度的保留。如在北京话里仍可见少量表完成的"动+得+宾"如"做得饭了""您的鞋修得了"。而在包头方言中，则保留了表示持续的"得"，如"外面站的一群人""他站的看书、坐的说话"等等。④

肆

4.1 助词"得"从唐代开始形成，唐宋时兼有表示获得结果、完成、持续，作动补结构的标志等多种功能，元代以后，表示完成、持续的用法逐渐衰落，作补语标志成为主要功能，早期兼类，晚期功能迅速向单一化发展，是近代汉语中"得"字发展的基本过程。而"得"字的这一发展过程，和大多数近代汉语动态助词的发展具有很大的一致性。

4.2 唐代以后动态助词多功能（以表一种动态为主，兼有表其他动态的用例出现，或者同时出现在几种语法格式中，在每一语法格式各表一种动态）的现象极为普遍，像在本章中我们讨论过的几个助词：

却 "却"是表示完成的助词，但也用于表示动作持续或获得结果。如：

（67）百岁付于花暗落，四时随却水奔流。（徐夤：寄僧寓题，全唐诗，8159页）

（68）锦堂昼永绣帘垂，立却花骢待出时。（张祜：公子行，同上，5828页）

以上两例均表持续。

（69）比寻禅容叩禅机，澄却心如月在池。（李中：访章禅老，同上，8540页）

此例中"却"犹"得"，表示动作获得了一种什么样的结果。

着 "着"是表示持续的助词，也有用作表示完成的例子。如：

（70）承祯颇善篆隶书，玄宗令以三体写《老子经》，因刊正文句，定着五千三百八十言为真本以奏上之。（旧唐书，隐逸传，卷一九二）

（71）斯文既在孔子，孔子便做着天在。（朱子语类，卷三六）

（72）才说法天，便添着一件事。（同上，卷六八）

将 "将"在唐代可以表示获得结果、完成、持续，还可以作动词词缀。如：

（73）扬眉斗目恶精神，捏合将来恰似真。（蒋贻恭：咏金刚，全唐诗，9871页）

（74）输将虚白堂前客，失却樟亭驿后梅。（白居易：花楼望雪命宴赋诗，同上，4955页）

（75）骑将猎向南山口，城南狐兔不复有。（岑参：卫节度赤骠马歌，同上，2057页）

（76）红软满枝须作意，莫教方朔施偷将。（蒋防：玄都楼桃，同上，5763页）

以上例（73）表示动作获得结果，犹"得"；（74）表示完成，犹"了"；（75）表示持续，犹"着"；（76）是词缀，没有什么语义。

取 "取"和"将"相似，也是兼有动作获得结果、完成、持续几种意义。如：

（77）谁将古曲换斜音，回取行人斜路心。（王建：斜路行，全唐诗，3388页）

（78）一声歌罢刘郎醉，脱取明金压绣鞋。（李郢：张郎中宅戏赠，同上，6855页）

（79）若遇丈夫皆调御，任从骑取觅封侯。（秦韬玉：紫骝马，同上，198页）

以上例句，再加上本节所讨论的"得"，基本上包括了近代汉语中大部分常用动态助词，而这些助词在获得结果、完成、持续这三种动态上，几乎都有相通的用例。造成这种情况的原因，应当是因为它们有几乎相同的发展过程，在它们所表达的语法意义中，隐含着一种共同的东西。

4.3 "却""着""将""取""得"这几个助词都是从动词发展而来的，其虚化的第一步基本上都是跟在与其动词义相近或相关的另一个动词之后，充当连动式的第二个动词，再由连动式发展成表示动作结果的补语。我们曾指出过，补语是用许多个实词来实现一种语法意义，唐代以后语言表达的精密化要求，把这种语法意义抽象出来，用一个专门的词来表达，这就是助词。显然，获得结果、完成、持续，都是从不同的角度（获得结果是从动作后果的角度看动作的结果，完成是从动作状态的角度看动作的结果），不同的动作类型（可持续的，不可持续的）来表现结果补语所反映的语法意义，因此，这三种动态中，都隐含有动作完成、获得结果的意思。动词、补语、表示完成／结果，共同的发展过程和共有的隐含语义，是造成唐代动态助词混用现象的原因。

在4.1中我们介绍了"却""着""将""取""得"几个助词间互相交叉的例子，但这些词的混用情况，又可以分为两类。"却""着"是在表示完成、持续的同时，兼有表示其他动态的例子。"将""取""得"则是表示获得结果、完成、持续等各种用法同时兼备，各类例子均不在少数。造成这种情况的原因，与这两组助词所表达的语义有关。这两组助词都是从结果补语发展而来的，"却"作助词表示完成，只用于说明动作状态已经结束；"着"表示持续，也只是部分动词所表达的动作状态或是其产生的状态性结果持续下去，它们都是动作的结果，但又都是有限制的、一些特定状态的结果，语义的限制自然会变成使用的限制，将它们用于这种限制之外的例子，不会广泛出现。"将""取""得"都用来表示动作的实现和获得结果，这一语义和述补结构的语法意义相去不远，没有什么特定的限制，因此就会造成外延的扩大。当其用于不同的动词小类或对动作结果强调的角度不同时，就会产生和"却""着"相近的用例。

语言的表达要求准确、精密，而让几个词同时占据一个或几个相同的语法位置，显然不符合语言的要求，因此，动态助词混用的情况从宋代以后逐渐减少，各助词的功能趋向于单一化，没有能占据到一个独立的语法位置的，则趋于消亡，整个过程从宋代开始，不同的助词发展各有快慢，从整个动态助词体系看，这个规范、调整的过程，是在明清之际才完成的。

注释

① 本节中先秦、汉代"得"字用例转引自杨平《"动词+得+宾语"结构的产生和发展》，《中国语文》1989年第2期。

② "动+得（+宾）"亦可表示可能，本节中我们只讨论表示结果的情况，表示可能的"动+得（+宾）"不在这里讨论。

③《朱子语类》中"得"的使用情况，请参阅祝敏彻《〈朱子语类〉句法研究》，长江文艺出版社，1991年。

④ 参阅吕世华《包头方言中的几个特殊语法现象》，《包头师专学报》1983年增刊。

第三章　事态助词

　　事态助词也是近代汉语中新产生的一个助词小类，主要有"了、去、来"三个。事态助词是近代汉语语法研究中的一个重要课题，本章中，我们将主要探讨"了、去、来"三个助词产生、发展的过程，附带地也简单介绍一下词缀"生"在使用中向事态助词发展的情况。

第一节　了

　　从唐五代开始，近代汉语中逐渐形成了两个助词"了"，一个是出现于"动+了（+宾）"格式中的动态助词（以下称"了$_1$"），一个是用于"动（+宾）+了"和"动+了，+宾+了"格式中的事态助词（以下称之为"了$_2$"[①]）。"了$_2$"的功能，是"用在句末，主要肯定事态出现了变化，或即将出现变化，有成句的作用"。[②]本节中我们将讨论"了$_2$"形成和发展的过程。

壹

1.1 在发展成为助词之前，"了"是一个动词，表示完成、结束。从魏晋前后起，动词"了"和"已、讫、毕、竟"等动词一起，出现在"动（+宾）+完成动词"的格式里③，表示完成貌。例如：

（1）公留我了矣，明府不能止。（三国志，蜀志，杨洪传，卷四一）

（2）臣松之以为，松愎谏违众，信渊意了，非有攻伐之规，重复之虑。（同上，吴志，吴主传裴注，卷四七）

（3）益部耆旧传令送，想催驱写取了，慎不可过淹留。（王献之：杂帖）

（4）谢公与人围棋，俄而谢玄淮上信至，看书竟，默然无言。（刘义庆：世说新语，雅量）

（5）充便饮讫，进见少府，展姓名。（干宝：搜神记）

（6）阿逸多王从是失国，遂至亡没，从是死已，生地狱中。（佛说未曾有因缘经，碛砂藏，卷一七五）

（7）扇提罗等，偿债未毕，因缘系缚，不令得去……偿因缘毕，自当得脱。（同上）

"了、已、讫、毕、竟"等动词的词义都是表示完成、完毕，在"动（+宾）+完成动词"格式里，表示前一个动词所表达的动作、事态变化的完成。这种以完成动词构成的完成貌表示法，只涉及动作，而没有时间概念，它所陈述的情况，可以是已经完成的（如例1），也可以是假设完成的（如例3、7）。

1.2 "动（+宾）+完成动词"格式可能是在汉代前后出现的，在魏晋古籍、汉译佛经等文献中，发现了这一格式的早期用例，此后，使用逐渐增多。但到魏晋南北朝为止，"动（+宾）+完成动词"格式的使用，都有一个较为明显的限制：它一般只用于复句的前一分句之末，而不用于全句之末。④

1.3 动词"了"进入"动（+宾）+完成动词"格式，是它以后产生复杂变化的第一步。在魏晋时期，它虽然开始出现在这一格式里，但数量还较少。此期这一格式中使用的完成动词，以"已、讫、毕、竟"为主。

贰

2.1 唐代汉语中发生了一些对"了₂"形成有重要影响的词汇、语法变化，是"了₂"形成的前期。

"动（+宾）+完成动词"格式在唐代继续广泛使用，而且其中的完成动词，也逐渐从以"已、讫、毕、竟"为主转变为以"了"为主，特别是中晚唐以后，这种趋势更加明显。我们在晚唐五代成书的《祖堂集》中看到，年代较早的僧人，特别是西域二十八祖及六祖惠能前后的僧人的传记语录里，"已、讫、竟"的出现远较"了"多；相反，中晚唐以后，距《祖堂集》成书时间（952年）较近的和尚的传记语录里，"了"的出现频率要大大高于"已、讫、竟"。这种情况表明，至迟到《祖堂集》成书之际。完成动词向"了"归并的过程，就已经趋于完成了。

2.2 随着这种归并过程的开展，"动（+宾）+了"格式的使用的大量增加，使这一格式逐渐获得了用于句末的自由。这种用例，也从中晚唐以后开始较多地出现。例如：

（8）右臣昨日晚见镇州奏事官高迪云：向前已曾向臣言军

中密事，今更有切要事言于臣，请不令王助知今山东三州归降，已平了。（李德裕：天井冀氏事宜状，全唐文，卷三七）

（9）文宗将有事南郊，祀前，有司进相扑人。……上曰："此应是要赏物，可向外扑了。"（赵璘：因话录）

（10）主典云：经忏悔者，此案勾了。至如张目骂父，虽蒙忏悔，事未勾了。（法苑珠林，太平广记，卷一一五）

（11）达奚谓云："不作金城耶，与公改注了。公自云合得何官耶？"（定命录，同上，卷二七七）

（12）其设斋不遂一处，一时施饭，一时吃了。（圆仁：入唐求法巡礼行记）

（13）又闻大唐天子，为新罗王子赐王位，差使拟遣新罗，排比其船，兼赐禄了。（同上）

（14）皇帝答问头，此时只用六字便答了。（唐太宗入冥记，敦煌变文集）

（15）师曰："适来有一个僧未得吃饭，汝供养得摩？"对曰："供养了。"（祖堂集，4.37）

"动（+宾）+了"格式在句中位置的变化，加强了"了"字表达事态状况的作用，同时也使其初步具备了一种成句的功能。但这个时期的"了"字还不能说是已经变成了助词。它仍然带有较明显的动词性，常常会表现出很强的动词功能。例如：

（16）因晒麦问僧："晒了也未？"僧云："了也。"（云门匡真禅师广录，大正藏，卷四七）

单看例中第一个"了"字似乎已经像是助词的用法了，但对照答句出现的第二个"了"字，就会发现二者显然还都是作为动词使用的。同时，这个时期虽然出现了一些处于句末的"动（+宾）+了"例句，但相对于全部"动（+宾）+了"的使用看，处于句末的例子占的比例还较少，而且在多数情况下，这个格式用于句末时，多要加上语气助词"也"来结句。

2.3 唐代在"动（+宾）+了"格式发展变化的同时，还出现了另外一种表达完成貌的新格式："动+却+宾"。例如：

（17）李龟年善羯鼓，玄宗问卿打多少枚，对曰："臣打五十枚讫。"上曰："汝殊未，我打却三竖柜也。"（传记，太平广记，卷二〇五）

（18）一日，震趋朝，至日初出，忽然走马入宅，汗流气促，唯言："锁却大门！锁却大门！"（无双传，同上，卷四八六）

（19）愁云遮却望乡处，数日不上西南楼。（岑参：醉题匡城周少府厅壁，全唐诗，2055页）

（20）菜头出土胶入地，山庄取粟埋却车。（卢仝：苦雪寄退之，同上，4388页）

（21）衡阳到却十三春，行脚同来有几人。（周贺：送宗禅师，同上，5731页）

（22）书中说却平生事，犹疑未满情郎意。（韩偓：厌花落，同上，7841页）

"动+却+宾"格式形成于唐初，以后它与"动（+宾）+了"共存，成为唐代汉语中两种不同的完成貌表示法。这二者的区别在于，"动（+宾）+了"表达事态变化的完成、实现；"动+却+

宾"表达动作行为的完成、结束。在唐代，"动（+宾）+了"中的"了"是正在向事态助词转变中的动词，"动+却+宾"中的"却"则是已经完成了转变过程的动态助词。中晚唐以后，随着动态助词体系的发展，在"动+却+宾"格式广泛使用的影响下，动词"了"也开始了虚化的趋势，并替代"却"出现了"动+了+宾"格式，形成了动态助词"了$_1$"。例如：

（23）鬓鬓鬟轻松，凝了一双秋水。（白居易：如梦令，全唐诗，10057页）

（24）将军破了单于阵，更把兵书仔细看。（沈传师：寄大府兄侍史，同上，5304页）

（25）见了师兄便入来。（难陀出家缘起，敦煌变文集）

在晚唐五代，"了$_1$"的使用非常少见，唐代汉语完成貌的基本表达方式，是"动（+宾）+了"和"动+却+宾"两种。

2.4 在以上两种完成貌并存的基础上，晚唐五代发展出了一种新的句式："动+却+宾+了"。如：

（26）雪峰放却垸水了云："水月在什摩处？"（祖堂集，2.127）

《祖堂集》中"动+却+宾+了"格式仅此一例，晚唐五代其他文献中也没有见到类似的用例，但该格式的产生却对动词"了"的虚化有重要作用，推动了"了$_2$"的转化进程。

2.5 唐五代汉语完成貌表示法出现了四种新的语法格式：处于句末的"动（+宾）+了"和"动+却+宾"、"动+了+宾"、"动+却+宾+了"。前者为"了$_2$"的结句功能占据了相应的语法位置，后三种为动词"了"向事态助词转化过程的完成提供了必要的条件。

叁

3.1 宋代是"了₂"最终形成的时期。

从宋初开始，唐五代新出现的三种"了"字格式的使用迅速普及开来。在北宋景德年间成书的《景德传灯录》中，用于句末的"动（+宾）+了"格式的用例明显增加了。例如：

（27）国师曰："这个是马师底，仁者作么生？"师曰："早个呈似和尚了。"（景德传灯录，卷七）

（28）问："一树还开华也无？"……师曰："昨夜遭霜了。"（同上，卷一三）

（29）师问慧全："汝得入处作么生？"全曰："共和尚商量了。"（同上，卷一六）

（30）僧问："从上宗乘如何举唱？"师曰："已被冷眼人觑破了。"（同上，卷一六）

（31）玄沙却入方丈白雪峰曰："已勘破了。"（同上，卷一九）

"了"字结句功能的加强，不仅表现在句末使用"动（+宾）+了"数量的增多上，而且还有一些在晚唐五代文献中用"动（+宾）+了也"的句子，在宋代文献（如《景德传灯录》）中，被改成了"动（+宾）+了"，如例（27）在《祖堂集》中作：

（32）国师云："这个是马师底，仁者作摩生？"师云："早个呈似和尚了也。"（祖堂集，4.74）

例（29）在《祖堂集》中作：

（33）师云："汝得入处作摩生？"对曰："共和尚商量了也。"
（同上，2.107）

"了"字大量使用于句末，使其功能逐渐从附加在一个动词
或词组之后，作词组或分句的组成成分，变为依附在全句之后，
作整个句子的组成成分。宋代以后，"了"字所依附的句子，也
变得越来越长，越来越复杂了。这些变化使"了"字的独立性
得以加强，动词性日趋减弱。如果魏晋时期的"动（+宾）+了"
格式如梅祖麟先生所说是"（主+）谓+谓"格式的话，宋代处于
句末的"了"字，就已经从在句中充当谓语，逐渐变成表达事
态的助词了。

唐五代罕见的"动+却+宾+了"格式，宋初以后也开始多起
来。如：

（34）师上堂次，展坐具礼拜了，起来拈师一只鞋以衫袖
拂却尘了，倒覆向下。（景德传灯录，卷七）

（35）居士夺却拂子了，却自竖起拳。（同上，卷八）

（36）尔屋里老爷老娘噇却饭了只管说梦，便道我会佛法了
也。（同上，卷一九）

（37）者个师僧吃却饭了，作怎么语话。（同上，卷一〇）⑤

这个格式包含了唐五代之前汉语两种完成貌句式，而这两
种完成貌句式，如我们前面所述及的，虽然都表述"完成"，但
其语义重点，各有不同。在"动（+宾）+了"中，"了"字是对
全句作一种陈述，表示句子所表达的事态变化已经实现、完成
了。而"动+却+宾"中的"却"字，则只表示它前面的动词所

表达的动作已经完成、结束了。这两个句式合并而成的"动+却+宾+了",从两个不同的重点来重复表达完成的语义。既表示动作已完成、结束,又表示事态、变化的实现。

从《景德传灯录》中"了"字的使用看,到北宋时,"了"字已大体上具备了"肯定事态、变化实现"的语义,具备了成句和在两种语法格式("动（+宾）+了""动+却+宾+了")中出现的功能,已经基本上完成了由动词向事态助词转化的过程。

3.2 北宋"动+了+宾"格式也在普及发展,从宋初开始,在宋代词人的作品中已经得到了广泛使用,许多词人都数次或数十次地使用这一格式,如在欧阳修的作品中,就出现了五例"动+了+宾"格式:

（38）弄笔偎人久,描花试手初。等闲妨了绣功夫。（南歌子,全宋词,140页）

（39）如此春来春又去,白了人头。（浪淘沙,同上,141页）

（40）更问假如,事还成后,乱了云鬟,被娘猜破。（醉蓬莱,同上,148页）

（41）便直饶、伊家总无情,也拼了一生,为伊成病。（洞仙歌令,同上,151页）

（42）几日行云何处去,忘了归来,不道春将暮。（蝶恋花,同上,162页）

随着"动+了+宾"格式的广泛使用,原来用于相同格式的动态助词"却"逐渐消亡,大约在南宋中晚期,"了₁"开始取代

"却"，基本上与此同时，在南宋中期朱熹的语录中，"动+了+宾+了"格式开始出现了。例如：

（43）大率人难晓处，不是道理有错处时，便是语言有病；不是语言有病时，便是移了这步位了。（朱子语类，卷一六）

（44）欲变齐，则须先整理了已坏底了，方始如鲁，方可以整顿起来，这便隔了一重。（同上，卷三三）

（45）四爻"损其疾"，只是损了那不好了，便自好。（同上，卷七二）

（46）今见看《诗》，不从头看一过，云：且等我看了一个了，却看那个，几时得再看？（同上，卷八〇）

（47）人要为圣贤，须是猛起服暝眩之药相似，教他麻了一上了，及其定叠，病自退了。（同上，卷一一八）

（48）自有物无始已来，自家是换了几个父母了？（同上，卷一二六）

"动+了₁+宾+了₂"格式的出现标志着"了₂"演变过程的结束。这个格式与北宋以后较常见的"动+却+宾+了"相比，差别只在于表示动作完成的动态助词"却"换成了"了"，这种变化只是词汇兴替，而不是语法演变，所以，对于处于这一格式中的"了₂"来说，这也只是它在北宋大体形成之后的一种完善过程，而不是什么质的演变了。

3.3 在"动+了₁+宾+了₂"格式出现的同时，"了₂"在其他格式中出现的范围和表达的意义，也都在进一步发展成熟。例如：

（49）及收回二分时，那人已用出四分了。（朱子语类，卷三）

（50）如安仁者，他便是仁了。（同上，卷二六）

（51）西南得朋，故是好了。（同上，卷六六）

（52）"悔"是逞快作出事来了。（同上，卷六七）

（53）他不成道我怎地了，便一向去事物里面衮。（同上，卷七三）

（54）至之举似杨敬仲诗云："'有时父召急趋前，不觉不知造深奥。'此意如何？"曰："此却二了。有个父召急趋底心，又有个造深奥底心。"（同上，卷一二四）

（55）不平心看文字，将使天地都易位了。（同上，卷一二五）

（56）身躯空许大，只恐明日倒了。（洪迈：夷坚志，丙志，卷六）

以上例句中，例（54）用于数词之后；例（53）用于作谓语的代词之后；例（50）（51）用于"是"字句；例（49）（52）用于动补结构之后；例（55）（56）用于假设句或表示将来完成的句子里。这几种情况，差不多都是现代汉语中"了₂"的常见用法。

肆

4.1 我们在第二节中曾指出，中晚唐时用于句末的"动（+宾）+了"尚未普及，那时，甚至包括在北宋，无论是"动（+宾）+了"，还是"动+却+宾+了"，当它们用于句末时，常常都要加上语气词"也"。例如：

（57）道吾曰："早说了也。"（祖堂集，1.173）

（58）与摩则大唐国内山总被阇梨占却了也。（同上，2.61）

语气词"也"在古汉语中用于表示静止性的事实⑥，魏晋以后，它也用于表示变动性的事实，兼有古汉语语气词"矣"的功能。例如：

（59）天下已有主也。（干宝：搜神记）

（60）旦书至也，得示为慰。（王羲之：杂帖）

在"动（+宾）+了"从不自由向自由转变的过程中，"也"字表示变动性事实的用法被加在格式之后结句，从而加强处于句末的"动（+宾）+了"的稳定性。但在"动（+宾）+了"格式中，"了"字本来已经是在表示事态变化的实现了，所以，"也"字的作用必然会被弱化。

随着"了$_2$"的形成，在《景德传灯录》等文献中与"了"连用的"也"已经开始减少了。到南宋，从《朱子语类》《夷坚志》等材料看，"也"可能已基本被淘汰掉了。《朱子语类》中处于句末的"了"字不下数百例，而与"也"连用者仅八例。《夷坚志》中"了也"连用也是极少见的现象。

4.2 元代"了$_2$"继续使用，用例见于各种文献中。如：

（61）合要罪过的要了罪过，合罢的罢了。（元典章，吏三）

（62）若路府州县官吏人等作弊，放富差贫，要钱物，交百姓生受的有呵，要了罪过了。（同上，户一〇）

（63）〔正旦云〕许下我的，休忘了！（元刊杂剧三十种，调风月，一折）

（64）〔正旦审住。云〕是了！（同上，二折）

（65）自从他去了，无一日不唗道。眼皮儿不住了梭梭跳，料应他作念着。（商衢：双调新水令，全元散曲，21页）

（66）半敧单枕乞留乞良捱彻今宵，只被这一弄儿凄凉断送的愁人登时间病了。（王和卿：商调百字知秋令，同上，44页）

元代"了"字用法在继承宋代的同时，也显示出一些明显不同于南宋的特点，较突出的有两点。

首先，是"了"与其他事态助词、语气助词及元代特有助词（如"有"）连用的情况。助词连用宋代已有用例，但元代这种情况更为多见，能连用的助词也更为广泛。例如：

（67）去年为不曾收田禾上头，今年差发都免了来。（元典章，兵一）

（68）那般的每根底合敲呵，是有。么道说将去了来。（同上，刑三）

（69）若不禁治呵，渐渐的做的多了去也。（通制条格，卷三）

（70）使长出军去了呵，媳妇孩儿每根底欺负着多逃了有。（元典章，兵一）

（71）若这般，已后习学医人的都少了也。（通制条格，卷三）

（72）我往常伶俐，今日都行不得了呵。（元刊杂剧三十种，调风月，二折）

（73）自曹州曹南庄上卖了长寿孩儿，又早二十年了呵。（同上，冤家债主，三折）

例（67）（68）（69）与事态助词"来""去"连用，例（70）与元代特有助词"有"连用，例（71）（72）（73）与语气助词"也、呵"连用。这种广泛的助词连用，是语言本身的需要，表达了更为复杂的语义内容，但在元代助词连用突然发展的背后，除语言自身的发展要求外，也不能排除元代特殊历史背景影响的因素。

其次，例（71）"了"与"也"连用，我们已经指出过，"了"字自由地用于句末，是"了₂"成熟的标志之一，而"了₂"的演变过程，是在南宋完成的，在南宋"了"字之后用"也"的例子已不多见了。但元代"了"字的使用出现了一些与南宋相反的情况，在《元典章》《元代白话碑》《通治条格》以及元曲中，"了也"的使用又变成较为常见的现象了，像《元刊杂剧三十种》里，就是"了"和"了也"并用。例如：

（74）妹子，我和你哥哥厮认得了也。（元刊杂剧三十种，拜月亭，四折）

（75）恰共女伴每蹴罢秋千，逃席的走来家。这早晚小千户敢来家了也。（同上，调风月，二折）

（76）婆婆，我省得，嗜张孝友孩儿被陈虎那厮亏图了。（同上，汗衫记，三折）

（77）俺今日有甚亲？你自姓张，你自交夫家去了。（同上，老生儿，四折）

《元刊杂剧三十种》里"了也"用的仍不及"了"多，但其比例与《朱子语类》比，却大有增加。

在另外一些元曲作品中，"了也"和"了"的使用，甚至显示出一些功能上的差异。王实甫《西厢记》中，"动+了+宾+了"使用四次，两次用于句中，均单用"了"。

（78）洁云：“下了药了，我回夫人话去，少刻再来相望。”（西厢记，三）

（79）净云：“中了我的计策了，准备筵席条礼花红，剋日过门者。”（同上，五）

两例用于句末，均用“了也”。

（80）红云：“这一节话再也休题，莺莺已与了别人了也。”（同上）

（81）净云：“兀的那小妮子，眼见得受了招安了也。”（同上）

上述四例，如仅从“了”和“了也”的使用情况看，其分布就与《祖堂集》相似了。

4.3 对元代“了”和“了也”的使用脱离宋代的发展趋势，重新回归到唐五代的情况，我们在本书有关章节中已经指出过，造成这种状况的原因，目前尚无明确的答案，但有两种可能，是应当加以考虑的。

（一）对元曲而言，戏曲作为一种表演艺术，在节奏、音响上都需要一些表现手法，在某些场合，“了也”可能是适应这种需要，来增强表演效果的。元曲中，我们看到在一些句子中用“了”或用“了也”在语法上并没有任何区别。如：

（82）“报复去：道有曹章来了。”卒子报云：“喏，有曹章来了也。”（元曲选外编，襄阳会）

例中先用“了”后用“了也”，显然只是依据戏剧演出效果的需要，而不是表达语法上的区别。

（二）"了"和"了也"是近代汉语中在唐五代、宋、元、明四个历史时期中呈波浪形发展的几种语法现象之一，其变化规律是随社会历史背景的变化而变化的，而这种政治权力的转移会导致社会文化改变，其中自然也包括"官话"基础方言的改变。我们所列举的宋代史料，基本上是产生于南方或中原的，元代的材料，则无疑都应当受到当时的北方方言影响。近年来，不断有文章介绍，在现代某些北方方言中，"了₂"的语音形式受到"也"的影响，可能是"了也"的合音。⑦因此，不能排除"了₂"的形成过程在不同地区发展不平衡的可能。也就是说，到元代以后，在某些地区内"了₂"的使用仍然不很自由，其处于句末时仍须与"也"连用。元朝建立后，在社会文化的变迁中，"了也"重新回到官话，回到文献中，从而造成了宋元两代文献里"了"和"了也"使用情况的差异。

从"了₂"形成的整个历史过程看，"了"字的发展一直是沿着从不自由到自由，从实词到虚词的轨道前进，元代的反复，只是这个历史过程中一个小的曲折。入明以后，"了₂"的使用又逐渐回复到南宋的情况，"了也"也又重新消失了。

注释

①"了₂"在现代汉语中通常被认为是语气助词，但从历史上看，它和"来、去"一样，都是表示事态的助词，不能归入语气助词之类。随助词体系的调整，近代晚期"来、去"消亡，"了"却比较完整地保留了下来，实际上即使是在现代汉语里，它仍与纯粹的

语气助词有明显的不同。

② 参阅吕叔湘主编《现代汉语八百词》，商务印书馆，1980年。

③ 参阅梅祖麟《现代汉语完成貌句式和词尾的来源》，《语言研究》
1981年。

④ 南北朝译经中可见少数用例，如："佛威神力乃令阿难心生欢喜，
右膝着地，一心合掌，顶礼世尊。如是时间，天已明了。"（《广
博严净不退转法轮经》刘宋，智严、宝云译，碛砂藏）汉魏译经
中的某些语法现象与同期本土著作常常显示出较大差距，使用译
经资料在断定时代、弄清文义上也有一些问题，所以佛经文献的
使用应当慎重，同时也须要对其有一个较全面、系统的研究，以
求从整体上有一个较明晰的了解。

⑤《景德传灯录》现存两种宋版：一为北宋本福州东禅寺版，一为铁琴
铜剑楼藏南宋本（收入四部丛刊三编）。两种本子文字上稍有差异，
例（34）（35）（36）见于北宋本，据禅文化研究所《景德传灯录索
引》，此本内"动+却+宾+了"只此三例；例（37）见于南宋本。

⑥ 参阅吕叔湘《中国文法要略》，商务印书馆，1982年。

⑦ 参阅侯精一《平遥方言简志》，山西省社会科学院语言研究室编，
1982年。

刘勋宁《现代汉语句尾"了"的来源》，《方言》1985年第2期。

胡双宝《文水话的若干语法现象》，《语文研究》1981年第2期。

参考文献

刘勋宁：《现代汉语句尾"了"的来源》，《方言》1985年第2期。

吕叔湘：《现代汉语八百词》，商务印书馆，1981年。

梅祖麟：《现代汉语完成貌句式和词尾的来源》，《语言研究》1981年
创刊号。

太田辰夫：《中国语历史文法》，北京大学出版社，1987年。

志村良治：《中国中世语法研究》，三冬社，1984年。

第二节　来

"来"在近代汉语中是一个很常见的助词，用法丰富多样，其中较常见的有以下几种：

A．表示"曾经"

师问金峰志曰："作甚么来？"金峰云："盖房来。"（抚州曹山本寂禅师语录，大正藏，卷四七）

B．表示"将来"

穷理与尽性如穿渠引源，然则渠与源是两物，后来此议必改来。（二程集，卷二，正谊堂丛书）

C．表示"完成"

如此而论，读来一百遍，不如亲见颜色，随问而对之易了。（韩愈：与大颠书，全唐文，卷五五四）

D．表示语气

汝止有一手，那得遍笛，我为汝吹来。（幽明录，古小说钩沉）

本节中我们讨论表示"曾经"的事态助词"来"。

壹

1.1 事态助词的语法意义，是指明一个事件、一个过程所处的状态。作为事态助词的"来"，则是用于指明某一事件、过程是曾经发生过的，是过去完成了的。在句子里使用它，是给句子所陈述的事件、过程加上了一个"曾经"的标志。它的语法位置，和事态助词"了、去"一样，也是加在一个分句或全句的末尾（在疑问句中存在疑问语气词时，加在疑问语气词之前）。

事态助词"来"产生的时间可能在初唐前后。从现有资料看，唐以前文献中尚未发现典型的例子，唐代以后，文献中开始出现用例并逐渐增多，到晚唐五代时，使用就已经比较广泛了。例如：

（1）琛曾拜官，诸宾悉集，峦乃晚至。琛谓峦："何处放蛆来，今晚乃顾？"（北史，甄琛传，卷四〇）

（2）恪排闼入见武帝，叩头谢曰："恪身经事萧家来，今日不忍见此事，分受死耳，决不奉命。"（南史，沈恪传，卷六七）

（3）贞观中，冀州武疆县丞尧君卿失马，即得贼，枷禁未绝，君卿指贼面而骂曰："老贼吃虎胆来，敢偷我物。"（张鷟：朝野金载）

（4）上自宣令坐，问："卿来从江表，见彼中盯庶来否？"（康骈：剧谈录）

（5）报道莫贫相，阿婆三五少年时，也会东涂西抹来。（王定保：唐摭言）

（6）僧曰："适到沪水，见一老师坐水滨，洗一座具……因

问之曰：老阇梨何处斋来？"（纪闻，太平广记，卷一〇〇）

（7）比丘前后从孔飞下，遂至五六十人，依位坐乞，自相借问：今日斋时，何处食来？（侯君素旌异记，同上）

（8）武阳太守卢思道，常晓醉，于省门见从侄贲，责曰："阿父何处饮来？凌晨嵬峨。"（谈薮，同上，卷一七三）

（9）无风自偃君知否，西子裙裾曾拂来。（刘禹锡，忆春草，全唐诗，4003页）

（10）红树萧萧阁半开，上皇曾幸此宫来。（张祐：华清宫，同上，5841页）

（11）可怜此际谁曾见，唯有支公尽看来。（皮日休：宿报恩寺水阁，同上，7081页）

（12）至今衣领胭脂在，曾被谪仙痛咬来。（韩偓：自负，同上，7845页）

（13）此地新经杀戮来，墟落无烟空碎瓦。（李涉：潡阳行，同上，9982页）

（14）师一日问雪峰："作甚么来？"雪峰云："斫槽来。"（洞山良价禅师语录，大正藏，卷四七）

（15）师又时问僧："汝诸方行脚来，觅取难得底物来不？"（祖堂集，1.172）

（16）诸人未曾见知识则不可，若曾见知识来，便合体取妳子意度。（同上，2.29）

（17）师代云："什摩劫中曾失却来？"（同上，2.58）

（18）皇情未晓志公说，大士金刚已讲来。（同上，4.28）

（19）我适来于门外设誓，与他将军为奴来。（庐山远公话，敦煌变文集）

（20）佛身尊贵因何得？根本曾行孝顺来。（故圆鉴大师二十四孝押座文，同上）

在以上例句中，助词"来"的使用遍及肯定（例2）、疑问（例14等）、假设（例16）等各种句式，在这些句子里，它既可以单独使用（例1、3等），也可以和各种时间副词（"曾、经"）、时间词（"适来、什摩劫"）搭配使用。

在唐五代，"来"是一个新产生不久、口语性较强的助词，集中出现于一些较口语化的文献里。在我们以上引用过的史籍、笔记小说、唐诗、禅宗语录等几类作品中，史籍、笔记小说中用例少见（《北史》《南史》《太平广记》三部书内，仅见十数例），且出现的少数例子，多见于纪实性的对话中。唐诗中出现稍有增多。到记录当时禅宗大师讲经说法的语录、僧侣演说佛经的变文，如《祖堂集》《敦煌变文集》里，就更多一些了。

1.2 两宋表示"曾经"的事态助词"来"继续使用，用法上也有一些新的发展。例如：

（21）"问拨尘见佛时如何？"师曰："什么年中得见来？"（景德传灯录，卷一八）

（22）僧问曰："未作人身已前作个什么来？"师曰："石中步步火中行，返顾休衔日中草。"（同上，卷二〇）

（23）迦叶过去生中曾作乐人来，习气未断。（同上，卷二七）

（24）阎罗大伯曾教来，道人生，但不须烦恼。（柳永：传花枝，全宋词，20页）

（25）莫是前生负你来，今世里，教孤冷。（欧阳修：卜算子，同上，153页）

（26）须信画前元有易，自从删后更无诗。这个意思古元未有人道来。（二程集，卷二，正谊堂丛书）

（27）请观君奭一篇，周公曾道召公疑他来否？（同上，卷一一，同上）

（28）及江之北，汉水之东，虽有界至，而南北叛亡之人，想常互有，适迁引惹边事，不知故梁王当时何由如此画分来？（晁公忞：金人败盟记，三朝北盟会编，卷二二八）

（29）节度使太祖太宗惣曾作来，恐非粗官。（张耒：明道杂志）

（30）观《曾子问》中问丧礼之变，曲折无不详尽，便可见曾子当时功夫是一一理会过来。（朱子语类，卷二七）

（31）圣人说底，是他曾经历过来。（同上，卷一〇）

（32）僧礼拜，师云："一似不斋来。"（明觉禅师语录，大正藏，卷四七）

（33）王老师二十年前亦曾恁么来。（古尊宿语录，卷二七，续藏经，卷一一八）

（34）师召大众云："灵山百万胜集，唯迦叶绍祖位，诚不忝矣，何故？为佗亲见黄面老子脚跟来。"（无准师范禅师语录，续藏经，卷一二一）

宋代"来"用法上的发展，主要是出现了与其他助词连用的例子（例30、31），宋代与之连用的助词主要是"过"。在这类例句中，"来"的功能仍然是表示事件是过去的，是"曾经"发生过的。"过"则表示具体动作的完结，相当于现代汉语中"过₁"的用法，"来"与"过"连用，两者各司其职，表示某种包含已完结的动作的事件，是过去曾经发生过的（"过"字的情况，请参阅动态助词"过"字节）。此外是出现了用于否定句的例子（例26、32）。

1.3 元代"来"仍广泛使用。这个时期"来"使用上的突出特点，是除单用外，与其他助词（包括元白话中特有的一些助词）连用的情况明显增多。例如：

（35）皇帝登了宝位，又行了添气力圣旨来来。（元典章，台纲二）

（36）军官弟侄儿男年纪到十八岁呵，委付者。么道圣祖皇帝立定体例来。（同上，吏二）

（37）管盐茶课程等运司、管押钞提举司、管粮的漕运司官每在先三年替换来。（同上，吏三）

（38）世祖皇帝立中书省枢密院，为军民一处呵，不宜也者，教中书省管百姓每的勾当，枢密院管军马的勾当，立了来。（同上，兵一）

（39）初立课程额数，斟酌当时价直立了来，如今比在前物价增了数倍。（同上，户八）

（40）月鲁那演奏："在前阿马坐省时分，台家勾当也行不得来，拿去桑哥底后头，俺根底喂道不是有来。"（同上，台纲二）

（41）还俗和尚先生每，弟兄析居，放良来的，这等户每，不拣是谁休拘收者，么道圣旨行了有来。（通制条格，卷二）

从语义上看，无论是单用还是与其他助词连用，事态助词"来"的功能，都是表示事件是曾经发生的。当它与表示完成的助词"了"搭配使用时，所陈述的事件是曾经完成了的（例39，立课程额数的时间是"当时"）；与表示现在未完成的助词"有"连用，则表示现存的某种事物、状况是过去的时间中实现的（例41，圣旨所定法规是早已成立的）。

元代助词"来"与其他助词连用的情况增多的变化，是在两种背景条件下发生的。一方面，唐宋以来助词"来"已经出现过助词与其他助词连用的情况，像元代最常见的"了来"，在五代云门匡真禅师的语录中，就已经用过：

（42）衣钵分付什么人了来？（云门匡真禅师广录，大正藏，卷四七）

我们在宋代《朱子语类》等文献中，也曾见到过"过来"等连用的现象（例30、31），元代的情况，正是在这些唐宋固有用法的基础之上发展起来的。另一方面，元代许多翻译体的文献（例35—41）均为自蒙古语翻译的圣旨，可能也受到了阿尔泰语系原文的影响。译者为忠实于原文的行文，用其认为相应的汉语助词去对译原文的时态等系统，这势必会造成助词连用增多的现象。这种影响，在我们上文中列举的"有来"等助词"来"与元代特有助词的连用上，反映得更明显。

近年来，一些研究元代白话的学者曾指出，"来"可能是元代的一个音译借词。从我们以上的资料与分析看,和唐宋相比,元代"来"的语义和功能都没有发生什么特别重大的变化,它应当是从唐宋汉语中发展而来的事态助词"来",而不大可能是元代新产生的音译借词。

1.4 明代以后,助词"来"的使用总的看是呈减少的趋势,但在一些不同的资料中表现有所不同。

在一些明代受元白话影响较大的文献里,"来"出现的频率仍较高,与其他助词连用的情况也仍继续出现。例如:

(43)你谁根底学文书来?我在汉儿学堂里,学文书来。(老乞大谚解,262页)

(44)曹大家里人情来么?(朴通事谚解,341页)

(45)我有一个火伴落后了来,我沿路上慢慢的行着等候来。(老乞大谚解,261页)

(46)我先番北京来时,你这店西约二十里来地,有一坐桥塌了来,如今修起了不曾?(同上,278页)

(47)我与了你一个貂鼠儿袄有来。(元朝秘史,947页)

(48)我见你辛苦着来,所以济助做伴去。(同上,944页)

在《老乞大》《朴通事》《元朝秘史》这类文献中"来"继续较多地使用,一方面可能是这些文献中有的可能产生较早,虽然经过后人改动,但仍保存了一些较早的语言成分。另一方面,朝代的更替可能会较快地改变官话的面貌,但那些失去官话地位的方言,却不会很快地消失或发生很大的变化,元王朝亡灭后,元白话或许会仍然在部分地区、人口中使用,这种情况也可能会反映到某些文献中来。这或许是《老乞大》等文献中助词"来"多用的另一原因。

在其他一些未受元白话影响的作品，如明清白话小说里，"来"虽仍在使用，但数量已经较少了。例如：

（49）多是今日被知县责罚来？（三现身包龙图断冤，警世通言）

（50）我这里也几次问人来，却没这般头脑。（一窟鬼癞道人除怪，同上）

（51）今日我和应二哥、谢子纯早晨看灯，打你门首过去来。（金瓶梅，一六）

（52）西门庆道："我当先曾许下他来，因为东京去了这番，费的银子多了，本待等韩伙计到家，和他理会。"（同上，五六）

"来"的意义和用法，在明代的例句里仍没有显示出什么变化。

1.5 清代"来"的用例更少了，但值得注意的是，这个时期出现了与"着"结合构成的双音词"来着"。如：

（53）秋纹应到："二爷早来了，在林姑娘那边来着。"（红楼梦，八二）

"来着"产生之初，语义仍是表示曾经，与事态助词"来"相同，所以，在十八世纪六十年代朝鲜人编辑《老乞大新译》时，就把《老乞大谚解》中的大部分助词"来"，换成了"来着"。

（54）我在汉儿学堂里，学文书来。（老乞大谚解）

（54'）我在中国人学堂里，学书来着。（老乞大新译）[①]

"来着"产生的时间尚不明确。我们以上列举的两例（例53、54'），写作时间都在十八世纪中叶，而在此前的明代作品

中，还没有发现过"来着"的用例，所以，估计其出现的时间
应在清代初期前后。

1.6 事态助词"来"在现代汉语普通话中已经消失了。"来
着"保留了下来，但现在它只用于表示"短时的过去"，语义受
到很大限制。在方言中，"来"使用的时间要长一些，像例（14）
举到的唐代禅宗曹洞宗创始人之一洞山良价禅师，在他主要活
动并圆寂的江西省宜丰县，直到现在助词"来"还在使用。

贰

2.1 "来"字原为表趋向性运动的动词，与"往"相对，意
为"至也，及也，还也"（见《广韵》），表示物体向说话者所处
的位置运动。

当这种运动从空间上扩展到时间里时，依据运动的起点与
终点的差别，产生出几种引申义，如：

A. 从现在为起点，以将来为终点，产生出"将来"的意思。

（55）来日大难，口燥唇干。（古乐府，善哉行）

B. 以动作开始为起点，结束为终点，产生出表示"完成"
的用法。

（56）教来鹦鹉语初成，久闭金笼惯认名。（王涯：宫词，
全唐诗，3878页）

（57）野外狐狸搜得尽，天边鸿雁射来稀。（姚合：腊日猎，
同上，5712页）

这种"完成"侧重于表达一种结果，通常都带结果补语，用
法、语义都近于"得"。当"完成"侧重于表达一种状态时，又

有一种不带补语的用法。

（58）初伙以文词擅名，所敢拟者，唯河东柳信言，然柳内虽不伏，而莫与抗，及闻伙卒，时为吏部尚书，宾客候之，见其屈一脚跳，连称曰：独步来！独步来！（渚宫旧事，太平广记，卷二四六）

（59）一拳也是打爷来，未有输赢莫放开。（续古尊宿语要，卷六，续藏经，卷一一九）

（60）委是高来不可，低来不可，伏乞降到喏样一个，以凭禀守施行。（洪迈：夷坚志，支丁，卷五）

这类的"来"表达状态的实现、存在，功能、意义近于事态助词"了"。

C. 以过去为起点，以现在为终点，产生出"以来"的意思。

（61）我得仙来，已三万岁。（广异记，太平广记，卷四五〇）

C类"来"字也可以不以现在，而以动作、事件的完成为终点，这时，其词义就变成了"以后"的意思。

（62）悟来皆是道，此别不销魂。（刘禹锡：送别君素上人，全唐诗，4014页）

（63）自经危乱来，触物堪伤叹。（元结：酬孟武昌苦雪，同上，2709页）

（64）李白死来无醉客，可怜神彩吊残阳。（温庭筠：秘书省有贺监知章草题，同上，6726页）

（65）爪牙众后民随减，溪壑深来骨已多。（王氏闻见录，太平广记，卷二四一）

C类"来"字已经具备了处于分句之末的倾向（例61、63），同时，无论是B类表示完成的"来"，还是C类表示以来、以后的"来"，都有表示动作、事件是"曾经发生"的意思，在这些基本条件下，当"来"转化为特指"曾经"的意思，并用于句尾时，就产生了我们本节所讨论的事态助词"来"。

2.2 目前，对"来"由动词发展到事态助词的全过程和背景，我们还不能作十分清楚准确的描写。通过我们以上述及的情况，"来"从表示趋向的动词，发展出表示完成、以来、以后等多种用法，使用中又从作动词逐渐演变成跟在动词之后作补语、作助词，再跟在分句后作助词，最终变为在句尾作助词。这一系列语义和语法功能的转变，或许就是动词"来"到助词"来"的演变过程。我们注意到，在唐代汉语助词体系中，产生了一组表示事态的助词（"了、来、去"），发生了一些有规律的变化过程（像"来"和"去"都是由表趋向运动的动词虚化而来，语法位置又同样从处于句中移至句尾；"了"的语法位置也有相近的变化），这种变化的原因和动力，应当是与唐代的历史文化背景以及语言自身的发展、完善要求联系在一起的。

注释

① 例（54）（54′）转引自康寔镇《〈老乞大〉〈朴通事〉研究》，台湾学生书局，1985年。

参考文献

吕叔湘：《现代汉语八百词》，商务印书馆，1981年。

太田辰夫：《中国语历史文法》，北京大学出版社，1987年。

第三节 去

"去"也是近代汉语中较为活跃的一个事态助词，它的功能，主要是指明事物或状态已经或将要发生某种变化，与事态助词"了"的作用相近。①

壹

1.1 事态助词"去"在唐以前的文献中尚未出现过。从唐五代起，文献中开始使用，但在不同类别的文献中分布不均。史籍、笔记小说中没有出现典型的例了。唐诗中可见，但为数不多。例如：

（1）醉中惊老去，笑里觉愁来。（包佶：对酒赠故人，全唐诗，2139页）

（2）明朝渐校无多去，看到黄昏不欲回。（徐凝：玩花五首之一，同上，5381页）

（3）莫怪杏园憔悴去，满城多少插花人。（杜牧：杏园，同上，5961页）

（4）若使华阳终卧去，汉家封禅用谁文？（皮日休：寄润卿博士，同上，7089页）

唐五代使用助词"去"最多的文献当数禅宗语录，下面我们以南唐保大十年（952年）成书的《祖堂集》为例，分析一下事态助词"去"的使用情况。

1.2《祖堂集》中助词"去"共出现七十六例，用法主要有以下几类：

A. 将要

（5）大师云："这阿师他后打破泥龛塑像去。"（祖堂集，1.159）

（6）苦哉！苦哉！石头一枝埋没去也。（同上，2.88）

（7）师曰："不可教后人断绝去也。"（同上，4.132）

B. 将要（假设条件）

（8）师又曰："还知道不偿不受者摩？"对曰："与摩则波不离水，水不离波去也。"（同上，2.26）

（9）鼓山到便问："久向疏山，元来是若子大。"师云："肉重千斤，智无铢两。"鼓山云："与摩则学人不礼拜去也。"（同上，2.150）

（10）问："古人相见，目击道存。今时如何相见？"师云："如今不可更道目击道存。"学云："与摩则适来已是非次去也。"（同上，4.7）

C. 完成（假设）

（11）任你大悟去，也须淘汰。（同上，1.179）

（12）洞山曰："任摩你和尚遍天下尽是舍利去，惣不如当时识取石室行者两句语。"（同上，2.31）

（13）直须绝渗漏去，始得似他。（同上，4.129）

D. 完成

（14）将饭与人吃，感恩则有分，为什摩却成不具眼去？（同上，1.166）

（15）庆放身作倒势，师云："这个师僧患疯去也。"（同上，2.113）

（16）"大德且道那个如来？"对曰："到这里却迷去。"（同上，4.46）

以上四组例句中，A组表示事物或状态将要出现（实现）某种变化，与这种语义相适应，例句中常有表示将来的语词出现（如例5"他后"、例7"后人"）。但这并不意味着在没有含有表示将来意的语词时，助词"去"就不能表达事物将要出现（实现）变化的语义，例（6）中就没有表示将来的词语，这个例句出自夹山和尚，夹山认为，他死之后"石头一枝"就要埋没了，尽管没有表示将来的语词，"去"仍将将要变化的语义表达得十分明确。B组也表示将要如何，这组例句都是假设条件句，"去"均与表示转折的词组"与摩则"搭配，表示在某种条件下，将会出现（实现）某种情况和变化。B组中情况较为特殊的是例（10），句子里使用了"适来"这一表示过去的时间词，"去"的作用似乎应当是指明事物已经发生了某种变化。这里需要指出的是，在B组例句中，一般都是以条件分句为现实基础，以"与摩则"联系的后一分句来推测事物的发展变化，无论后一分句中有什么样的时间词语，它所描述的事态变化，都是在某种条件下将要发生的。所以，例（10）似也应当理解为"刚才就已经要"如何了，句子中的变化，仍是将要发生的。从上述理解出发，虽然把例（10）理解为事物已经发生了某些变化与我们概括的助词"去"的功能并不矛盾，但我们仍认为，例（10）还是看作表示事物将要发生（实现）变化为好。C组例句"去"也用在假设条件句中，与B组的不同在于，C组中助词"去"用在表示条件的分句里，而不是用于表示结果的分句。C组例句中的"去"是假设事物已经发生（实现）了某种变化，后一分句再在这一假设前提存在的条件下，说明事态会出现一些什么样的情况。C类"去"字常和一些表示假设的虚词搭配出现（例11"任"、例12"任摩"等等）。D组例句中"去"语义最简明，表示某种新的情况、变化已经出现、完成了。

作为事态助词，"去"和"了、来"一样，一般总是用于分句或全句之末。"去"字在句中的位置，是由其语法作用和语义功能所决定的。如我们以上所述，"去"字的功能是对某一事态作出陈述，而对事态的表达，只能是由分句或句子来实现。像例（6）"石头一枝埋没去也"，"去"是指出"石头一枝埋没"这一事态将要发生、实现，而不是仅表示"埋没"这一动作将要发生、实现。例（8）更为明显，"与摩则波不离水，水不离波去也"，助词"去"只能是加在句末，表示"波不离水，水不离波"这一状态将要产生，而不可能是加在句子内的任何组成成分上。事态助词和动态助词的一个根本区别，就是前者总是加在一个句子（分句）之后，陈述一个事物、事件的状态；后者则总是跟在一个谓词性成分（动词或形容词）之后，表示一个动作、变化的状态。"去"字的语法位置与功能都清楚地显示了事态助词的特征。

"去"字的功能在于指明事态，这就使使用助词"去"的句子多含有认定的意味（例14是疑问句，这个句子是对"成不具眼去"这一事实提问，"去"仍是对事态的认定），在表达"认定"时，处于句尾的"去"在不少例句中都和表示肯定的语气助词"也""在"等连用，使用这些语气词之后，使句子的肯定语气得以加强。

唐五代之际，汉语的三个事态助词"了、来、去"处于句尾时，"了"以需要与"也"连用为常，"来"以独立结句为常，"去"则用"也"不用"也"均有。以上的例句显示，"去"处于句末时用"也"不用"也"是自由的，也就是说其自身有结句功能，用不用"也"只是表达语气的要求，而不是助词"去"语法功能上的要求。作为事态助词的"来、去"都有独立结句的功能，从动词向事态助词发展的"了"则没有完全自由的结句功能，这也从另一个侧面证明了这一点。考虑到唐五代大量"了也"连用的情况，与"了"语义十分接近的"去"或许正是受了"了也"的影响，才有了"去也"的用法。

贰

2.1 宋代助词"去"继续使用，范围比之唐五代似并无明显的扩大。在史籍和笔记小说中，我们只在沈括《乙卯入国奏请》中见到一例：

（17）南北和好，固是好事，如今地界了后，更胜如旧日去

也。（沈括：乙卯入国奏请，续资治通鉴长编，卷二六五）

宋词中我们考察了晁补之、辛弃疾、李清照、李曾伯、周密等五人的作品，其中类似助词"去"的用例凡九见，用例如：

（18）朱颜老去，清风好在，未减佳辰欢聚。（晁补之：消息，全宋词，555页）

（19）老去惜花心已懒，爱梅犹绕江村。（辛弃疾：临江仙，同上，1880页）

（20）而今老去，何忧何乐，不空不色。（李曾伯：水龙吟，同上，2749页）

（21）老去闲情懒，东风外，菲菲花絮零乱。（周密：宴清都，同上，3276页）

九例中，"去"均与"老"连用，均用于分句或全句之末。

"老去"犹言"老了"，在唐人诗句中就是一个比较常见的词组。这种用法的"去"字，其意义主要是表示动作、变化的完成，功能主要是加在动词或形容词之后，从这两方面看，它与事态助词"去"都有所区别，所以从严格意义上说，它不是我们在本节中所讨论的事态助词（我们例1所举包佶诗句中的"去"，也不是一个很典型的事态助词用例，只是因为其例较早而举出以聊备参考而已）。此类"去"字在唐代有一定的生命力，除最常见的"老去"外，还可以见到"贫去""落去"等"去"与其他动词、形容词组合的用例。宋代以后，这种"去"字结合能力减弱，只剩下"老去"等最常用的一两个凝固成词而继续使用。所以，例（18）—（21）中"去"字都不是事态助词，在晁补之等五位宋代词人的作品中，助词"去"没有出现。

2.2 在宋代禅宗及宋儒的语录中，助词"去"继续使用，其中又以禅宗语录更常见，用法上大体沿袭唐五代。例如：

A. 将要

（22）师因玩月次，有僧便问："几时得似这个去？"（景德传灯录，卷八）

（23）如今且要认心达本，但得其本，不愁其末，他时后日自具去在。（同上，卷一〇）

（24）所务于穷理者，……只是要积垒多后自然见去。（二程集，卷二，正谊堂丛书）

（25）如此用功，他日自然简易去。（朱子语类，卷一二一）

（26）陆氏之学，恐将来亦无注解去。（同上，卷一〇三）

A组仍是表示事态将要实现的变化，句中多有表示将来的时间词语（如"几时""后""他日""将来"等）。

B. 将要（假设条件）

（27）"如何是中秋月？"师曰："最好是无云。"曰："恁么即一轮高挂，万国同观去也。"（景德传灯录，卷二〇）

（28）僧云："如何领会？"师云："贬剥不施。"僧云："恁么即大众有赖去。"（同上，卷八）

（29）山云："若恁么，一切处光明灿烂去。"（虚堂和尚语录，大正藏，卷四七）

（30）只是常要提撕，令胸次湛然分明。……须是常提撕，事至物来，便晓然判别得个是非去。（朱子语类，卷一一四）

（31）亦有天资高底人，只头正了，便都正去。（同上，卷一六）

B类表示在某种条件下，将会出现什么情况，实现什么变化，在《祖堂集》里，此类句子多是由"去"与"与摩则"搭配使用来构成的，宋代禅宗语录中，"与摩则"已极少使用（在《景德传灯录》中，"与摩则"仅使用三次，且都不和"去"搭配），代之出现的是由代词"恁么"和连词"即"组合的"恁么即"（《景德传灯录》中另有"恁么则"，共八例，也均不与助词"去"搭配使用）。另外亦可单用"恁么"，如例（29）。在宋儒语录里，"去"多是单独用于句末，而不再与其他词语搭配使用了。

C. 完成（假设）

（32）新丰和尚云："祖教佛教似生怨家，始有学分。若透祖佛不得，即被祖佛谩去。"（景德传灯录，卷一七）

（33）师曰："只为汝不会，所以成不现前。汝若会去，亦无佛道可成。"（同上，卷四）

（34）若识镜去，乃至青黄男女大地山河有想无想四足多足胎卵情生天堂地狱，成于一镜中悉得。（古尊宿语要，续藏经，卷一二〇）

（35）且道："淆讹在什么处？若知有去，始见全提半提，傥或未知，布袋里老鸦，虽活如死。"（续古尊宿语要，同上，卷一一八）

（36）今立限田时，直是三二十年事，到那时去，又不知如何。（朱子语类，卷九八）

C组例句中助词"去"仍是表示一种假设条件的存在和实现，句中多有表示假设的连词等（如"若""到那时"）出现。

D. 完成

（37）师大悟，起来抚掌呵呵大笑云："也大奇！也大奇！百千三昧无量妙义，只向一毛头上便识得根源去。"（景德传灯录，卷八）

（38）时第三座曰："诸人，和尚舌根硬也。"师曰："苦哉！苦哉！诚如第三座所言，舌根硬去也。"（同上，卷一六）

（39）柏谷长老来访，师曰："太老去也。"谷曰："还我不老底来。"（同上，卷一九）

（40）时有僧就地拈起（拂子），吹一吹。师便喝曰："谁知续火柴头，从这汉边烟消火灭去。"（五灯会元，卷一七）

（41）结夏小参……僧曰："某甲今夏，信受奉行去也。"（虚堂和尚语录，大藏经，卷四七）

D类例句中，"去"仍是表达某种事态变化的完成、实现。

2.3 助词"去"在晚唐五代到宋之间的数百年中分布始终不广泛的原因，可能有两个。首先，和"来"一样，"去"也是一个口语性较强的助词，它们的产生既没有动态助词"却""将"等那样从动补结构中的补语到助词的演变过程作基础，也没有事态助词"了"那样自然的语义关系（动词"了"本来就是完结的意思），可以想象，作为语言中突然出现的一个新成员，它们肯定不容易被人们，特别是奉秦汉古文为正宗的文人墨客们所接受，这就使得它们难以在正统的文献典籍中出现。禅宗与宋儒的语录，是这个时期中最接近口语的文献。禅宗主张不立文字，在口耳棒喝之间去顿悟，语录（特别是早期的语录）是对这种口耳棒喝的真实记录。同样，宋儒也是由学生把先生讲学的言词记录下来，成为语录，这就免去了许多文字上的斟酌修饰，在相当程度上反映了当时口语的实际状况。助词"去"在不同类型文献中的分布，是大体上依从文言到口语的顺序逐渐增多的，这种情况既证明了其口语性，也解释了它分布较窄的原因。另外，我们在事态助词"了"一节中曾指出，宋代是助词"了"形成的时期。"了"字的功用，在一定程度上与"去"重合，"了"的使用势必阻碍助词"去"在宋代的普及，同时这也是宋以后"去"逐渐消亡的一个重要原因。

叁

3.1 元代以后，助词"去"的使用呈减少的趋势。

3.2 有元一代，"去"除在元散曲中偶见外，主要见于《元典章》《通制条格》中保存的翻译体文献中。例如：

（42）如今俺省得底勾当不说呵，怕后头俺不是去也。（元典章，台纲二）

（43）天下每年办纳的钱，盐货办着多一半有，更兼是买的勾当都禁了呵，不宜，课程难办去也。（同上，户五七）

（44）每月家与盐粮又有齑菜钱与呵，重了去也。（同上，兵一）

（45）各处军官每……将各管省的军人每撇下来了的多有，若有军情紧急勾当呵，耽误了去也。（同上，吏三）

（46）这般歹和尚每教寺院里住了呵，侵使常住的钱粮，坏了寺院去也。（同上，礼六）

（47）似这般的，若不严切整治呵，惯了去也。（同上，刑一九）

《元典章》中助词"去"基本上都是表示将要或在某种条件下将会出现什么情况与变化，几乎所有的例句中"去"均与其他的事态、语气助词连用。

（48）若不禁治呵，渐渐的傚学的多了去也。（通制条格，卷三）

（49）博士、教授、助教之类有缺呵，并从监官选保，不称职任者黜退，并及保官。这般激劝着呵，得人去也者。（同上，卷五）

（50）亦思替非文书学的人少有，……咱每后底这文书莫不则那般断绝了去也么？（同上，卷五）

（51）又大小衙门里行的首领官、令史每，春秋上下往来，索要弓箭的多有，似这般索要呵，用着的时分短少了去也。（同上，卷二七）

（52）将荒闲田地斟酌拨与耕种呵，百姓也不被扰，闲人也少去也。（同上，卷二七）

《通制条格》中"去"只有七例，也都是表示将要的意思，与其他助词连用的情况尤为明显，不仅每例都与"也"连用，且有"了去也""去也者""了去也么"等三个、四个助词连用的情况。

与宋代相比，元代助词"去"用例减少，语义限制更严格，与其他助词连用的情况增多并变得更丰富复杂，这些变化即是汉语助词体系发展的结果，同时也可能与元代白话受入主中原的蒙古人影响有关。

3.3 明代文献中助词"去"的例子少见，这里举两个《金瓶梅词话》中的用例：

（53）我原说的，教你休撅上奶去，实指望我在一日，占用你一日，不想我又死去了。我还对你爹和你大娘说，到明日我死了，你大娘生了哥儿，也不打算你出去了，就教接你的奶儿罢。（金瓶梅词话，六二）

（54）你两个也是你从小在我手里答应一场，我今死去，也顾不得你每了。（同上，六二）

例中"死去了"与"死了"明显有异，"死去了"是"要死了"之意，助词"去"还是表示将要。

明代的例子可能是助词"去"最后的残迹了，这以后"去"就基本上从资料中消失了。据介绍现代汉语方言中闽语中仍有残留，其他方言中的情况尚待调查。

肆

4.1 "去"和"了"都是表示事态已经或将要发生变化的助词，意义、用法上颇多相似之处，但它们之间也有一些明显的区别。

首先是使用的时间，以上的叙述表明，"去"从唐代初露端倪，晚唐五代时已在禅宗语录中广泛使用，并一直持续到宋代，元以后渐趋消亡。"了"字则在晚唐五代还是动词，还可以在句子中作主要动词使用[2]，宋代完成了向事态助词的转变，以后使用范围逐渐扩大，并一直延续使用到现代汉语中。"去"和"了"作为助词在时间上交叉的部分是宋代，宋以后，一个发展，一个消亡，这种变化使汉语的事态助词更加精简，免去了不必要的重复。

其次，助词"去"从一开始就兼表"已经"和"将要"两种意思，"了"则不然。"了"字本有完成义，这就使它的使用必然较侧重于表示"已经"，而对表示"将要"或假设的句子就不甚适合了。从唐五代到宋初，《祖堂集》中"了"基本上只用于表示已经完成的句子，在助词"去"出现甚多的使用"与摩则"的假设句（该句式中"去"共出现二十八次，占《祖堂集》全部助词"去"用例的近三分之一）中，"了"只出现一例：

（55）师口："与摩则大唐国内山惣被阇梨占却了也。"（祖堂集，2.61）

在《景德传灯录》中与之相对应的句式"恁么即（则）"有四十七例，其中用"去"者四十五例，用"了"者仅二例。

在"去"和"了"都变为助词之后，类似的分工仍存在，"去"除表示完成外，也用于假设和表示"将要"的句子里，到元代，随着助词"了"的广泛使用，"去"逐渐变为基本上只用于表示假设、将来的句子了。而"了"在宋代很少用于假设或表示"将要"，南宋晚期，出现了"了"表示"将要"义的个别例句：

（56）身躯空许大，只恐明日倒了。（洪迈：夷坚志，丙志，卷六）

这类例子的出现，使"去"在整个助词体系中成了一个多余的成分，大概从这时起，就最后注定了它走向消亡的命运。

4.2 助词"去"和"来"相似，也是唐代前后出现得较为突然的一个助词，文献中似乎没有留下它从动词和助词转化的明显痕迹。我们推测它形成的过程，可能走了一条与"来"大体相似的途径。"去"本来也是表示趋向性动作的动词，唐代起，它产生了"去往"的意思，表示物体向一个目标移动，这种移动从指空间又转变为指时间、事态：

（57）问："古人有言，欲得不召无间业，莫谤如来正法轮。如何得不谤去？"（祖堂集，2.111）

（58）云："尽是一队吃酒糟汉，与摩行脚，笑杀人去。"（同上，4.133）

向时间、事态的目标移动，就是将要如何，将要完成、实现什么，当去掉这种"将要"的限制之后，就变成了一般的完成、实现，这样就具备了助词"去"的全部功能，完成了从动词和助词转化的全过程。

注释

① 参阅吕叔湘《释〈景德传灯录〉中在、著二助词》、《汉语语法论文集》，商务印书馆，1984年。

李崇兴《〈祖堂集〉中的助词"去"》、《中国语文》1990年第1期。

② 参阅本章第一节例（20）。

吕叔湘:《释〈景德传灯录〉中在、著二助词》,商务印书馆,1984年。

第四节　附录：生

我们在上面三节中曾多次指出，宋代是近代汉语事态助词发展最快，使用最多的时期，"了、来、去"的迅速发展和普遍使用，使得一些原来不是事态助词的词，也向其靠拢，也显示出指明一种事态、具有结句功能的倾向，词缀"生"就是这样一个词。在本节里我们简要介绍一下词缀"生"在唐宋之际的使用、发展情况。

壹

1.1 词缀"生"产生于唐代前后，唐代并不多见，只是在唐诗中有少量的例子。例如：

（1）学画鸦黄半未成，垂肩鞾袖太憨生。（虞世南：应诏嘲司花女，全唐诗，476页）

（2）借问别来太瘦生，总为从前作诗苦。（李白：戏赠杜甫，同上，1892页）

（3）悲彼零落生，与我心何如。（孟郊：秋怀，同上，4207页）

（4）含恨含娇独自语，今夜月，太迟生。（和凝：江城子之二，全唐五代词，339页）

唐代例句基本上都是加在形容词之后，而且大多和"太"搭配使用，构成"太～生"的固定格式，和其他词类结合者少见。

1.2 晚唐五代，禅宗语录和敦煌变文中，后缀"生"都有使用，禅宗语录中用的较多，最常见的用法，当属"作么生"。例如：

（5）作么生是不瞒人底句？（云门匡真禅师广录，大藏经，卷四七）

（6）师因吃茶次云："茶作么生滋味？"（同上）

（7）北斗一时黑作么生？（同上）

（8）咬齿一句作么生道？（同上）

以上四例"作么生"在句中分别作主语、定语、谓语、状语，"生"字已和"作么"紧密结合为一体，像是作为一个词来使用，没有什么独立的意义和功能了。

1.3 在《祖堂集》和《敦煌变文集》中，词缀"生"共出现四百四十一次，其中《祖堂集》中有"作摩生"四百零七例，《敦煌变文集》中无"作摩生"。[①]与之相对应的，有"怎生"，共五例。除去四百零七例"作摩生"外，《祖堂集》和《敦煌变文集》中词缀"生"共三十四例，《祖堂集》中二十一例，《变文集》中十三例（含五例"怎生"）。这些词缀"生"均用于形容词、名（代）词和动词之后。例如：

A．形容词+生

（9）和尚曰："子问太高生。"（祖堂集，1.150）

（10）僧曰："大悭惜生。"（同上，2.124）

（11）师云："太与摩新鲜生。"（同上，2.109）

（12）师问黄檗："笠子太小生？"（同上，4.117）

（13）好生供养观音，还要虔恭礼拜。（妙法莲华经讲经文，

敦煌变文集）

B. 名（代）词+生

（14）师云："什摩生事？"（祖堂集，2.124）

（15）有僧在师身边叉手立，师云："太俗生。"（同上，4.117）

（16）僧又合掌，师云："太僧生。"（同上，4.117）

（17）不知甚生道安，讲赞得尔许多能解。（庐山远公话，敦煌变文集）

（18）昨朝今日事全殊，怎生得受菩提记。（维摩诘经讲经文，同上）

C. 动词+生

（19）洞山问他屋里有多少典籍，师曰："一字也无。"进曰："争得与摩多知生？"（祖堂集，2.9）

（20）僧见雀儿喙（啄）生，问师："为什摩与摩忙？"（同上，4.117）

（21）师云："见何似生？"对云："似一头驴。"（同上，5.44）

（22）不知道安是何似生，敢得听众如云，施利若雨。（庐山远公话，敦煌变文集）

从这三组例句看，晚唐五代词缀"生"的基本功能是构成形容词性词组，描写事物的情貌、状态。最常见的用法是加在形容词之后，如A组例句。形容词本来就是描写事物情貌、状态的，再加上"生"之后，这种描写就有了强调、夸张的意味，所以，A组的"形容词+生"之前，又多有程度副词来修饰它们

（例9—12），表示某种状态程度之高、情况之甚。用于名（代）词、动词（包括动词短语）之后的较少。当"生"加在名词之后时（例15、16），它把对人的称呼，变成了对人物特征的描写，使这些名词具备了形容词的功用。"生"加在动词之后时，可以把动作变成相对静止的状态，如例（20），"生"的使用将"见"的对象从"啄"的动作，变成了"雀儿啄的样子"这一状态。

　　形容词、名词、动词加"生"以后，其功用主要是作谓语、状语、定语，功能没有超出形容词的范围。

　　从以上的分析看，晚唐五代"生"字主要是用作形容词性的后缀，有表达认定事物情貌、状态的作用，当它与形容词结合时，使词组有夸张、强调的肯定意味。

贰

2.1 宋代"生"继续使用，例子有所增多，用法也有发展变化。

A

（23）怕君不饮太愁生，不是苦留君住。（辛弃疾：御街行，全宋词，1904页）

（24）最怜小女太憨生，约住两头娘子，索新声。（魏了翁：虞美人，同上，2390页）

（25）尽言直节无人会，岁晚君看太瘦生。（杨万里：寄题朱景元直节轩，诚斋集，卷七）

（26）僧到参，然云："太缠缕生。"（景德传灯录，卷一一）

（27）师云："好生著，莫教错。"（古尊宿语录，卷六，续藏经，卷一一八）

（28）若然者，头头垂示处，仔细好生观。（应庵昙华禅师语录，续藏经，卷一二〇）

A类"形容词+生"的用法，在宋代仍是最常见的格式，意义与晚唐五代比，也没有发生什么变化。

B

（29）曰："恁么即谢供养。"师曰："怎生滋味？"（景德传灯录，卷二三）

（30）问："如何是黄梅一句？"师曰："即今怎么生？"（同上，卷二三）②

（31）师云："鹤林门墙万仞，甚生次第，等闲被者僧弹指一下，便乃高竖降旗。"（灵隐大川济禅师语录，续藏经，卷一二一）

宋代没有发现新的"名词+生"的例句，以上三例都是"代词+生"，意义仍是表示状态。

C

（32）制空禅师谓师曰："日出太早生。"（景德传灯录，卷七）

（33）问："学人拟作佛时如何？"师曰："大煞费力生。"（古尊宿语录，卷一三，续藏经，卷一一八）

（34）师云："太不速道生。"（同上，卷三五，同上，卷一一八）

（35）僧问："虚空阔多少？"场云："太多知生。"（拈八方珠玉集，卷中，续藏经，卷一一九）

（36）太多事生，惜取眉毛好。（佛果圆悟禅师碧岩录，大藏经，卷四八）

（37）头云："何不早问？""这老汉，计较生也。"（同上）

（38）师云："为人须为彻。"僧云："乞师指示。"师云："太无厌足生。"（痴绝道冲禅师语录，续藏经，卷一二一）

C类情况与晚唐五代有所不同。这组例句中"生"基本上都是加在动词组成主谓词组上，而这些词、词组在和"生"组合之后，又都成为句子或分句，也就是说，"生"实际上是加在了句子或分句之末。我们知道，句子是用来表述事物的情况、状态的，而"生"的作用也是如此，这样，如同跟在形容词之后的"生"一样，跟在句子后面的"生"也具有了一种认定、强调事物、状态的作用，其功能和意义，就从构词成分趋向于向语法成分转化，类似于事态助词"了"。C例用法在两宋是一种很常见的格式，但此后"生"却没有在此基础上继续向事态助词的方向发展，这可能是因为当时"了"已经形成，"去"也尚未消失，在事态助词系统之内，"生"没有存在的必要。

2.2 宋代以后，"生"的结合能力减弱，元以后的文献中使用日见减少，只有一些凝固成词的用法（如"好生"）残留了下来。

方言中词缀"生"的使用尚未见报告，有迹象表明，在某些方言中（如部分浙江、湖南方言）可能有继续使用的情况。

2.3 "生"的来源，目前尚不清楚。唐代以前似未见其使用，唐代用例亦较少。有人主张，它与魏晋南北朝时期使用的词缀"馨"相似，应是从"馨"转变来的。③

魏晋南北朝时期，词缀"馨"主要用于代词或词组之后，例如：

（39）王丞相云："见谢仁祖，恒令人得上。"与何次道语，

唯举手指地曰："正自尔馨。"（世说新语，品藻）

（40）刘作色而起曰："使君，如馨地宁可斗战求胜！"（同上，方正）

（41）螭拨其手曰："冷如鬼手馨，强来捉人臂！"（同上，忿狷）

唐代"生"字主要用于形容词之后，魏晋南北朝用例和唐代比，差异较大。

从语音上看，上古音二者较近，中古则分属晓母青韵（馨）和山母庚韵（生），有些差异。

所以，如果我们认为"生"是由"馨"转变而来，那么在这个转化过程中如何完成语音和功能两方面的转变，尚需进一步的证明和解释，应进一步进行深入的研究和挖掘。

注释

① 《变文集》中亦不用"作摩"，对比《祖堂集》和《敦煌变文集》，二者在许多代词的有无及使用频率上都有较大差别，造成这种状态的原因，目前尚不清楚。

② 此例引自四部丛刊本《景德传灯录》，东大寺本"恁么"作"怎么"。

③ 参阅蒋礼鸿《义府续貂》（增订本）有关条目。

参考文献

志村良治：《中国中世语法史研究》，三冬社，1977年。

蒋礼鸿：《义府续貂》（增订本），中华书局，1987年。

第四章　结构助词

近代汉语结构助词是从古代汉语中继承下来的一个助词小类，在古代汉语中常用的结构助词有"之、者、所"等，近代汉语扬弃了它们之中的一部分，而代之以新的助词"底、地、个、的"等，近代汉语结构助词不同于古代汉语结构助词，但同时，二者之间又有种种密切的关系。本章中我们将讨论近代汉语结构助词"底、地"和"个"的使用发展情况。

第一节　底　地

"底"和"地"是近代汉语中新产生的两个结构助词，在发展过程和功能意义上，它们有差别，同时又有许多相同相近之处，所以，我们在本节中将它们放在一起讨论。

壹

1.1 从现有材料看，"地"作为助词出现得比"底"要早，在魏晋南北朝文献中，已经有了用助词"地"的例子，如：

（1）使君，如馨地宁可斗战求胜？（世说新语，方正）

此例似乎是魏晋南北朝仅见的一例，到目前为止，在讨论这个问题时，还没有学者提出其他的例证。

1.2 唐代起，"地"和"底"都开始出现零散的用例，例如：

（2）低颜下色地，故人知善诱。（杜甫：上水遣怀，全唐诗，2375页）

（3）春晴阶下立，私地弄花枝。（王建：贻小尼师，同上，3397页）

（4）杨柳官前忽地春，在先惊动探春人。（同上：华清宫前柳，同上，3436页）

（5）如君气力波澜地，留取阴何沈范名。（李群玉：寄张祐，同上，6598页）

（6）忽地晴天作雨天，全无暑气似秋间。（杜荀鹤：春日登楼遇雨，同上，7956页）

（7）水飞石上迸如雪，立地看天坐地吟。（吕岩：绝句，同上，9696页）

唐代"地"用的仍很少，以上所列几乎就是我们目前所见的全部用例，从这些例子看，当时"地"是用在动词、副词、形容词之后，在句子里作谓语或状语，以作状语者较多。

（8）定知帏帽底，仪容似大哥。（朝野金载，太平广记，卷二五四）[帏帽底=戴帏帽底]

（9）湜惊美久云，谓同官曰："知无？张底乃我辈一般人，此终是其坐处。"（刘悚：隋唐嘉活）[张底=姓张底]

唐代助词"底"例也仅见到这两例，且例（8）是从明刻本

《太平广记》中辑出，例（9）所出《隋唐嘉话》版本流传亦有可疑之处，所以这两个例子只能作为研究"底"早期用法的参考，唐代助词"底"使用的准确情况，还有待于进一步搜集新的材料来证明。

1.3 唐代"底""地"用例太少，显然不足以窥见其功能、用法的全貌。真正开始出现较多"底""地"用例的，是晚唐五代文献《敦煌变文集》和《祖堂集》，后者中用例更多，面貌展示得当然也更全面一些。下面我们以这两种资料为例，分析一下"底""地"在晚唐五代的用法。

《敦煌变文集》中"地"有二十二例，都加在形容词、副词之后，用作状语。例如：

（10）和尚猥地夸谈，千般伎术，人前对验，一事无能。（降魔变文，敦煌变文集）

（11）如来本自大慈悲，闻语惨地敛双眉。（大目乾连冥间救母变文，同上）

（12）深河恰好骋威仪，蓦地维摩染病羸。（维摩诘经讲经文，同上）

（13）忽地夫人气色昏，泪流如线莫能胜。（欢喜国王缘，同上）

"底"有十二例，用在形容词、动词、处所名词之后，作定语或宾语。例如：

（14）烧却前头草，后底火来他自定。前头火着，后底火灭。（李陵变文，同上）

（15）到家各自省差殊，相劝直论好底事。（无常经讲经文，同上）

（16）传把诸人修底川（行），校量多少唱唱看。（妙法莲华经讲经文，同上）

（17）惟愿如来慈念力，为说前生修底因。（丑女缘起，同上）

（18）弟（第）一庲（旦）道上头庲（底），弟二东头庲，弟三更道西头庲。（不知名变文，同上）

例（14）（15）加在形容词后作定语，例（16）（17）加在动词之后作定语，例（18）用在方位词之后，作宾语。

概括《敦煌变文集》中"底""地"的使用情况，"地"仍用得比"底"要多，其主要功能是用在形容词、副词之后，在句子中作状语；"底"则多用于动词、形容词之后作定语，个别例子用于处所名词之后，作宾语（仅例18中用了三次）。

《祖堂集》中助词"底""地"共出现二百四十五例，分别见于名词、动词、形容词和副词之后，充当主语、宾语、定语、谓语和状语。例如：

A．名词+底

（19）洞山云："就师乞眼睛。"师曰："汝底与阿谁去也？"（2.10）

（20）若是利根底相投，不烦转瞬视。（4.10）

（21）保福闻举云："更有一般底，锥又锥不动，召又召不应。"（4.135）

（22）僧便问："作摩生是顶上底？"（1.166）

B．形容词+底／地

（23）师曰："将虚底来。"（1.118）

（24）敬源云："忽遇不净底作摩生？"（5.60）

（25）云岩云："湛湛底。"（4.42）

（26）裴相公有一日微微底不安，非久之间便死。（4.136）

（27）[洞山]颜色变异，呵呵底笑。（2.15）

（28）南风吹来饱勾勾底，任你横来竖来十字纵横来也不怕你。（5.94）

（29）雪峰告众云："当当密密底。"（3.47）

（30）师云："冷侵侵地。"（3.86）

（31）曹山云："朦朦胧胧地。"（4.112）

C．动词+底

（32）夜来还有悟底摩？与个消息。（3.78）

（33）洞山云："将谓有力气底是。"（2.48）

（34）僧云："从来岂是道得底事那？作摩？"（3.88）

（35）师恰在宅里，不抛相公头边底坐看相公。（4.136）

（36）师兄见洞山沉吟底，欲得说破衷情。（2.15）

D．副词+底／地

（37）[云岩]三度来和尚身边侍立，第三度来，和尚蓦底失声便唾。（4.59）

（38）师……树下坐，忽底睡着，觉了却归院。（3.66）

（39）师有时上堂蓦地起来伸手云："瘗取些子，乞取些子。"（3.98）

（40）师曰："者与摩地不口痛作什摩？"（2.26）

在以上的例句中：A类只用"底"。由名词和"底"构成的"底"字结构主要充当主语和宾语，作定语者仅以下一例：

（41）大业底人为什摩阎罗天子觅不得？（2.121）

此例中"大业"实际上是"作大业"之省，和例（8）"帏帽底"、例（9）"张底"一样，都是省去动词的述宾结构加"底"作定语，而不是"名词+底"作定语。

B类由形容词构成的"底（地）"字结构，在句子中作主语、宾语、定语、状语和谓语。在这两类里没有出现吕叔湘先生《论底、地之辨兼及底字的由来》①一文中所述"跟地的大率是重言（XX或XYY），或双声、叠韵；跟底的字大率不具备这种形式"的"底、地"之别。在XX、XYY、XXYY几种形式之后，都用了"底"。《祖堂集》中形容词构成的"底（地）"字结构（B类）共十九例，其中用"底"者十四例，用"地"者五例。一例作定语，用"底"；十一例作谓语，七例用"底"，四例用"地"；七例作状语，均用"底"。所以，《祖堂集》中不是"描写性"用"地"，"区别性"用"底"，而是描写和区别均可用"底"，"地"则只在部分描写性成分中与"底"共存。

C类只用"底"，较常见的是构成体词性成分，作主语、宾语和定语。但亦有两例作谓语（如例36），一例作状语（例25）。《祖堂集》中此类"动词+底"构成的"底"字结构使用最多，有一百七十余例，占全部用例的四分之三以上。C类也是A、B、C三类"底"字结构中唯一大量用作定语的。

　　D类是由副词加"底""地"构成的，一共有七例，四例用"底"，三例用"地"。此类结构在以上所举吕叔湘先生文章所用的材料中只用"地"，但在《祖堂集》中却是"底""地"并用，且"底"稍占优势。

　　以上几类"底（地）"字结构的功能和分布如下表：

词类	底	地	主	谓	宾	定	状
A　名	+		+		+		
B　形	+		+	+	+	(+)②	+
		+		+			
C　动	+		+	+	+	+	(+)
D　副	+	+					+

　　综合《祖堂集》中"底""地"的使用情况，在结合关系上，名词、动词之后只用"底"，形容词、副词之后兼用"底""地"，但"底"用的多于"地"。在功能上，作主、宾、定语只用"底"，谓语和状语兼用"底""地"，但"地"作谓语只限于形容词之后，作状语只限于副词之后。从《祖堂集》看，"地"只是"底"的一个附属，其分布与功能都被囊括在"底"字之内。

　　比较《敦煌变文集》和《祖堂集》中"底""地"使用上的差异，主要是"底"在《祖堂集》中可以用在形容词、副词之后作谓语和状语，而在《敦煌变文集》（实际上还包括了在唐诗中的情况）中这一位置是只能用"地"的，这一差异，使"底"

在功能上囊括了"地"。

对比这两种文献中，其差异何在呢？首先，敦煌变文的写作年代，像维摩诘经、妙法莲华经、弥勒上生经等讲经文，王昭君、王陵、季布等变文，研究者以为可能是九世纪上半叶的作品，张义潮、张淮深等变文，作于九世纪下半叶，另外也有一些作于十世纪上半叶。《祖堂集》成书于十世纪中叶，两者时间上有50—100年的差距。其次，《敦煌变文集》中作品都是在西北被发现的，至少其中有一部分可能是受到了西北方言的影响；《祖堂集》成书于福建泉州，虽然可以肯定其主要是用当时的官话写作的，但同时也应当在一定程度上有当时南方方言的影响。第三，《敦煌变文集》中只出现了三十四例"底""地"的用例，而字数比它少得多的《祖堂集》中却有二百四十五例，《变文集》中使用的次数太少（数量少除时间因素外，也可能是由文体、口语化程度等差异造成的），有可能没有反映出当时"底""地"用法的全貌。

比较而言，第一种可能性更大一些。也就是说，"底"出现之前，"地"可能已用在形容词、副词之后作谓语、状语，"底"产生之初，以作定语等为主，但不久，"底"使用迅速增加，并进入了"地"的语法位置。

1.4《祖堂集》之前的各种文献中，我们见到的"底""地"用例大约只有四十例左右，这样少的例句，似乎不足以归纳出其使用的全貌，也无法推测其来源。下面我们从《祖堂集》中"底""地"的使用情况，来讨论一下这两个助词的来源问题。

《祖堂集》中四类"底"字结构，除D类外，A、B、C三类在构成体词性结构时，应有以下六种格式：

A．名+底+名　　A′．名+底

B．形+底+名　　B′．形+底

C．动+底+名　　C′．动+底

但从我们上面的举例中可以看到，实际出现的只有A′、B′、C′、C和一例B。例句中C和C′最多，B′其次，A′最少，这种情况表明，《祖堂集》中"底"字结构的类型还不完备，各类的使用频率也有较大的差异。

这种结构类型不完备，各类型间使用频率差异较大的情况，可能与"底"的来源有关。

吕叔湘先生曾指出"底"的功能相当于文言中的"者"和"之"。③

文言中的"者"用于以上我们列举的六种格式中的B′和C′，从唐代起亦有用于A′者，如：

（42）智者千虑必有一失，愚者千虑必有一得。（史记，淮阴侯列传，卷九二）

（43）往者不可谏，来者犹可追。（论语，微子）

（44）麦地占他家，竹园皆我者。（寒山诗，全唐诗，9075页）

"之"则用于A、B、C三种格式：

（45）以子之矛陷子之楯，何如？（韩非子，难一）

（46）彼寻常之污渎兮，岂能容夫吞舟之鱼？（贾谊：吊屈原赋）

（47）方其鼓刀屠狗卖缯之时，岂自知附骥之尾，垂名汉庭，德流子孙哉？（史记，樊哙列传，卷九五）

吕先生认为："底是者的继承者"，在由"者"向"底"的发展过程中，"者"的功能逐步扩展到"之"的范围里。④如果把《祖堂集》中"底"在A、B、C三类中的分布以及吕先生所介绍的"底"字在宋代的用法，与文言中"者"字的用法相比，可以看到"者"字功能向"之"扩展过程中的两个阶段。"者"发展到《祖堂集》时，已经变成了"底"，但功能仍与唐代"者"相似，大量用于B′和C′，少量用于A′，同时也出现了C。C的出现既是"者"向"之"的扩展，也是"底"自身功能的进一步发展。文言中的"动+之+名"格式，上古尚不发达，中古虽使用，但其中动词性成分一般不用单个动词，"者"扩展出格式C时，大体仍如此。⑤《祖堂集》中的C式，则既有动词性词组，也用单个动词，后者是"底"字在继承"者"的功能基础上的新发展。"底"字具备全部六种格式，是宋代的事情，从晚唐五代到宋，"底"的功能又从近于唐代的"者"发展到包括了文言中的"者"和"之"，这一阶段的发展，又从另一个侧面反映了"底"和"者"之间的继承关系。

同样，《祖堂集》中"底"在六种格式中的分布，也证明了"底"和"之"之间的关系较远，六种格式中A′、B′、C′是"底"都具备的，在这类格式恰恰是"之"不能出现的。C是"底"用得较多的格式，却是"之"用得较少、限制较多的格式。A是"之"常用的格式，但又正好是"底"进入最晚的格式（不仅《祖堂集》不用，北宋初年成书的《景德传灯录》也不用）。所以，虽然从语音上看"之"和"底"似乎联系较多，但如果我们不能解释以上"之"与"底"功能上的对立的话，认为"底"由"之"来的说法就难以成立。

"地"的来源尚不清楚，我们注意到，它的出现要比"底"早一点，唐代例句也比"底"稍多。其早期用例，都是用在动词、形容词、副词之后，作谓语或状语。晚唐五代，在《祖堂集》中它与"底"的谓语、状语位置上并存，功能上不对立。从这些情况推测，早期"地"字或另有一来源。到唐五代，随着"底"字由"者"产生，而"者字间或有很像地字的用法"⑥，从而导致了《祖堂集》中"地"与"底"在谓语、状语位置上共存，在功能上被"底"囊括的状况。

贰

2.1 宋代是"底""地"进一步完善、发展的时期。

从《景德传灯录》（1002年）看，北宋初年助词"底"的使用仍维持晚唐五代的局面，在由"底"构成的六种体词性结构中，仍没有A（名词+底+名词）出现，其他五种用的都较多，例如：

（48）师云："这个是老僧底，大德底在什么处？"（景德传灯录，卷七）

（49）猛利底人堪为器用。（同上，卷二〇）

（50）问："如何是灵山会上事？"师曰："少得灵利底。"（同上，卷二一）

（51）诸法所生，唯心所现，如是言语，好个入底门户。（同上，卷二六）

（52）法眼别云："此犹是拣底。"（同上，卷二七）

同《祖堂集》相比，《景德传灯录》中"底"字用法的主要变化，是它不再用于状语位置上，从而在功能上与"地"完全分开了。

"地"在《景德传灯录》中基本只用于描写性的"XX、XYY、XXYY"几种成分之后，功能只限于作状语和谓语。例如：

（53）何妨密密地自究，子细观寻，至无著力处，自息诸缘去。（同上，卷二八）

（54）师曰："知时底人合到什么田地？"僧曰："不可更喃喃地。"（同上，卷二二）

（55）如今变作个露地白牛，常在面前，露回回地趁亦不去也。（同上，卷九）

（56）自己心里黑漫漫地，明朝后日大有事在。（同上，卷一九）

（57）踏步向前来，口里哆哆唧唧地。（同上，卷一八）

"底"字不用（或少用）于"名+底+名"结构的情况可能一直持续到北宋中期，像沈括《乙卯入国奏请》（1075年）里就仍是如此。而在《二程集》中，情况就发生了变化，"名+底+名"格式有了较多的用例。如：

（58）循性者，马则为马之性，又不作牛底性；牛则为牛之性，又不为马底性。（二程集，卷二）

（59）圣人之德行，固不可得而名状。若颜子底一个气象，吾曹亦心知之，欲学圣人，且须学颜子。（同上）

（60）如天理底意思，诚亦只是诚此者也。（同上）

二程时代与沈括相近，语录是当时学生所录，但整理成书的是南宋朱熹，所以，其反映的语言时间，或许比《乙卯入国奏请》稍晚一些。

2.2《景德传灯录》中"底""地"分开的情况，在宋代可能并没有维持多长时间，北宋常见的几种文献，如《乙卯入国奏请》《二程集》等用"地"都较少，用法大体上都与《景德传灯录》一样。南宋儒家语录《朱子语类》中，虽然一般都说其中"底""地"的功能是分开的，但实际上，仍有为数不算很少的例外，如：

（61）跃如，是道理活泼泼底发出在面前，如甲中跃出。（朱子语类，卷六〇）

（62）至中间武后出来作坏一番，自恁地塌塌底去。（同上，卷七二）

（63）权是隐然做底物事，若显然底做，却不成行权。（同上，卷七六）

（64）为学，须是裂破藩篱，痛底做去，所谓"一杖一条痕，一掴一掌血"。（同上，卷一一五）

而且，不仅有以上所举"底"用作状语的，还有"地"用作主语的。如：

（65）然而这一句说师，亦只说平常恁地师，却不说是孔子

这般师。（同上，卷二四）

（66）性是一个浑沦底物，道是支脉，恁地物，便有恁地道。（同上，卷六二）

（67）所以本朝如李文靖、王文正、杨文公、刘元城、吕申公都是恁么地人，也都去学他。（同上，卷八四）

（68）玄，只是深远而至于黑牢牢地处，那便是众妙所在。（同上，卷一二五）

类似用法也见于其他文献，如：

（69）媚荡杨花无着处，才伴春来，忙底随春去。（刘仙伦：蝶恋花，全宋词，2211页）

（70）要扣玄关，须是有节操，极慷慨，斩得钉，截得铁，硬剥剥地汉始得。（五灯会元，卷一六）

宋以后，这种混用的情况越来越多，元明清三代文献中，例不烦举，在现代汉语（口语）里也仍是这种情况。

"底""地"的使用从晚唐五代混用，北宋分开，南宋又趋于混用，元以后混用成通例，整个发展过程，似乎是以混用为常，分开时间较短，造成这种情况的原因，目前尚不得而知，元以后则可能与汉语音韵结构的变化有关。

2.3 宋代以后"底""地"的另一个变化，是由于语音的演变，这两个助词逐渐改写作"的"。

"的"的萌芽可能始见于宋，起初它只代替"底"，构成体词性结构。例如：

（71）太后亦更喜欢，道与皇帝："南朝瞰是应副本国也，

如有些小的公事，也且休恐恶模样。"（沈括：乙卯入国奏请，续资治通鉴长编，卷二六四）

（72）学是至广大的事，岂可以迫切之心为之。（二程语录，卷一一）

（73）然而气体日渐长大，长的自长，减的自减，自不相干也。（同上）

（74）大抵契丹土地一齐都得，岂有不得银绢的道理？（燕云奉使录，三朝北盟汇编，卷一三）

（75）军马已起，更商量甚的？（茆斋自叙，同上，卷二三）

（76）大王家的亲人都去，奈何一城生灵？（遗史，同上，卷七九）

（77）南宫舍人果是不好作的官职。（张端义：贵耳集，卷上）

（78）师云"大小瞿昙被这外道勘破了也，有傍不肯的出来，我要问你，如何是那一通？（古尊宿语要，卷四一，续藏经，卷一一八）

（79）似这般的，打杀千万个，与狗子吃，有什么过？（同上，卷四二，同上）

（80）巩云："这的无生死。"师云："还识这的么？"（佛果圆悟禅师碧岩录，大藏经，卷四八）

（81）心是大底，意是小的。（朱子语类，卷一六）

（82）这"利"字是个监，界鏖糟的物事。（同上，卷三六）

（83）道士笑曰："世间那有医不得的病，汝试以脉示我。"（夷坚志，支景，卷八）

（84）善藏此方，虽他的亲人亦不可传，传之则不灵矣。（同上，三志壬，卷六）

（85）儿云："你便是我家供养的，面目衣裳一般，只是身体长大不同耳。"（同上，补，卷一二）

元代这类例子更多，而且出现过省去修饰语的用例，如：

（86）更他每的使长出军了呵，欺负着他每的媳妇、的孩儿逃走了的多有。（元典章，卷三四，兵一）

元代中叶，"的"最终取代了"底"[7]，同时，也出现了"的"取代"地"的例子。如：

（87）他每无体例不便的勾当，续续的整治行者。（元典章，卷六，台纲二）

（88）廉访司官人每好生的提调着，交学者好生的学。（同上，卷三一，礼四）

（89）那般的做好事其间里，不拣是谁休拦当者。（同上，卷三三，礼六）

（90）蒙古文字，不拣那里文字根底为上交宽行者。各路分官人每，与按察司官人每一处提调着，好生的交学者。（通制条格，卷五）

元代以后，在明清小说中，代替"地"的"的"就比比皆是了。从这一点看，"底""地"的发展过程，是到明代才全部完成的。

2.4 "的"字在取代"底""地"的过程中，其自身也有所发展，像在现代汉语中"我是昨天来的"这样用于句末的"的"，就是元代以后新产生的。例如：

（91）已上应合用的，都教有者。依着这体例里，量气力行的。（元典章，卷三〇，礼三）

（92）今日皇帝初登宝位，孔夫子的名号，教众学士商量与着呵，宜的。（一三〇八年曲阜加封孔子圣旨致祭碑，元代白话碑）

（93）孔夫子加封名号，翰林集贤官人他每的言语是的。（同上）

（94）他不曾开铺的。（朴通事）

（95）休说拆开了太师府书札，便有利害，俺这里兀自要和大宋皇帝做个对头的。（水浒，三九）

（96）西门庆道："且耐心着，太医也就来了，待他看过脉，吃两盅药，就好了的。"（金瓶梅词话，五四）

"的"字的这种用法不是构成一个名词或形容词、副词性结构，而是在句尾表达一种强调、肯定的语气。这种用法元以前似不见使用，例（91）—（94）所举是这类用法较早的例子，都见于元白话体的文献。这种"的"字从其出现的时间、文体上推测，可能与蒙古语语气词的影响有关。从功能和语源上看，这种"的"字似应分析为语气助词。语气词"的"的出现提示我们，语言犹如一块巨大的沉积岩，是历代"沉积"的结果，在我们对汉语史，特别是近代汉语史的研究中，应特别注意追踪、展开其沉积过程，这样才能对语言发展的历史和现状作出科学、合理的分析。语气助词"的"不在本节所讨论的范围之内，这里我们只是简单地涉及一下，不作进一步的研究。

注释

① 见吕叔湘《汉语语法论文集》(增订本)，商务印书馆，1984年。

② "(＋)"表示出现例句极少。

③④⑤⑥均请参阅吕叔湘《论底、地之辨兼及底字的由来》。

⑦ 参阅梅祖麟《从语言史看几本元杂剧宾白的写作时代》，《语言学

　　论丛》第十三辑。

参考文献

吕叔湘《论底、地之辨兼及底字的由来》、《汉语语法论文集》，商务

　　印书馆，1984年。

太田辰夫：《中国语历史文法》，北京大学出版社，1987年。

王力：《汉语史稿》中册，中华书局，1980年。

祝敏彻：《〈朱子语类〉中"地"、"底"的语法作用》，《中国语文》

　　1982年第3期。

第二节　个①

"个"在近代汉语文献中是一个很常见的词，有过多种用法，如：

（1）树兰盈九畹，栽竹逾万个。（韩愈：合江亭，全唐诗，

3777页）

（2）曲罢问郎名个甚，想夫怜。（欧阳炯：春光好，同上，

10125页）

（3）晚妆初过，沉檀轻注些儿个。（李煜：一斛珠，同上，

10047页）

（4）个身恰似笼中鹤，东望沧溟叫数声。（顾况：酬柳相公，同上，2966页）

（5）寻常水火三回进，真个夫妻一处收。（吕岩：七言，同上，9680页）

以上例（1）为量词，早期曾专以记竹，到唐代已是使用很广泛的一个量词了。例（2）（3）均为量词的引申用法，例（2）是一种虚指，例（3）是表示数量少。例（4）是代词，犹"这、此"。例（5）是结构助词，犹我们上一节所讨论的"底"。本节中我们介绍结构助词"个"在唐代以后的使用、发展情况。

壹

1.0 唐五代结构助词"个"主要见于唐诗、敦煌变文、禅宗语录等几种文献，在不同的文献及一种文献中不同作者的作品中分布不均。

1.1 唐诗中的助词"个"基本上只用于形容词之后，用作定语或状语。带"个"的形容词也只有"真、早"等很少的几个。例如：

（6）老翁真个似童儿，汲水埋盆作小池。（韩愈：盆池之一，全唐诗，3847页）

（7）黄金车与斑斓耳，早个须知入谶来。（孙元晏：黄金车，同上，8702页）

（8）故园若有渔舟在，应挂云帆早个回。（罗邺：入关，同上，7519页）

（9）应须洒脱孤峰去，始是分明个剃头。（齐己：忆旧山，同上，9569页）

（10）道我醉来真个醉，不知愁是怎生愁。（吕岩：真人行，同上，9691页）

形容词之外的例子，目前所见只有一例：

（11）除此更无余个事，一壶村酒一张琴。（吕岩：七言，同上，9686页）

此例中"余"当是"别""其他"之义，代词。

以上例句，例（6）（7）（8）（10）作状语，例（9）（11）作定语。

唐诗中结构助词"个"很少见，许多诗人的作品中都不使用，个别用的，也多是仅一见，但吕岩（例10、11）作品中却相对较多，共五例，一例作状语，四例作定语。

1.2《敦煌变文集》中助词"个"与唐诗情况相近，"个"使用很少，只有六例，用法也较单纯，都是用于单音节形容词（"早、好"）之后，作定语或状语。例如：

（12）好个聪明人相全，忍交鬼使牛头领。（维摩诘经讲经文，敦煌变文集）

（13）堂堂好个丈夫儿，头面身才皆称断。（佛说观弥勒菩萨上生兜率天经讲经文，同上）

（14）虽然不识和尚，早个知其名字。（大目乾连冥间救母变文，同上）

（15）为言万古无千改，谁知早个化惟（为）尘。（同上）

1.3　晚唐五代成书的禅宗典籍《祖堂集》，虽然篇幅要大大少于《全唐诗》和《敦煌变文集》，其中助词"个"却使用了二十四次，远多于以上两书例句之和。例句中仍以形容词带"个"为常（二十三例），但这些形容词中出现了较多的双音节状态形容词，如：分明、明明、绵密。功能也除用作定语、状语之外，还出现了作谓语的例子。其用例如：

（16）有一老宿隔窗闻，乃云："好个一镬羹，不净物污着作什摩？"（祖堂集，2.73）

（17）德云："妙个出身，古今罕有。"（同上，4.48）

（18）石头曰："我早个知汝来过。"（同上，1.156）

（19）问："如何是皮？"师云："分明个底。""如何是骨？"师云："绵密个。"（同上，3.50）

（20）师指面前狗子云："明明个，明明个！"（同上，5.5）

（21）尽乾坤都来是你当人个体，向什处安眼耳鼻舌？（同上，3.20）

上例中例（16）（17）（21）作定语，例（18）作状语，（19）（20）作谓语。

1.4　以上我们分析了唐诗、《敦煌变文集》、《祖堂集》三种文献中助词"个"的使用情况。根据以上分析，唐五代助词"个"的功能可以概括为：用于代（名）词、形容词之后，构成名词、形容词或副词性词组，在句子中充当定语、谓语或状语。其功能与这个时期的另一个结构助词"底（地）"基本相同。

在上一节中我们介绍助词"底（地）"在《祖堂集》中用于

名（代）词、形容词、动词、副词之后，构成的各类词组，可
用作主语、宾语、定语、谓语、状语，其用例如：

（22）洞山云："就师乞眼睛。"师曰："汝底与阿谁去也？"
（祖堂集，2.10）

（23）云岩云："湛湛底。"（同上，4.42）

（24）［洞山］颜色变异，呵呵底笑。（同上，2.15）

（25）夜来还有悟底摩？与个消息。（同上，3.78）

（26）师……树下坐，忽底睡着，觉了却归院。（同上，3.66）

《祖堂集》中的助词"个"和"底（地）"相比较，区别主
要在于：1. 使用数量相去悬殊，《祖堂集》中"个"用了二十四次，
"底（地）"用了二百四十五次；2."个"的分布不及"底（地）"
广泛，它没有用于动词、副词之后的用例，所构成的词组，也
没有用作主语、宾语的例子。

分布的差异可能是数量差别造成的，一个使用二十余次的
词，其功能不可能像一个使用二百余次的词一样得到充分的展
示。而且，从已有的例句看，"个"构成的词组应当是具备作主、
宾语的功能的，如例（19）"如何是骨？"答曰："绵密个"，按
问句，回答的全句应是"骨是绵密个"或"绵密个是骨"，无论
哪一个，"绵密个"都是主语或宾语。数量的差异，则可能是使
用范围不同所造成的。唐五代以后"底（地）"一直是汉语官
话中使用的助词，而"个"的使用则显示出可能带有某种限制，
像在唐诗中用的人就很少，例子也很少，而这很少的例子还相
对地集中于某个人（吕岩）的作品。在时代稍早、保存于西北

的《敦煌变文集》[②]中使用仍很少，时间稍晚，成书于福建泉州的《祖堂集》则相对地多了起来。这种情况提示我们，"个"的使用或许带有某种地域限制。

现代汉语方言中的情况，支持我们上述猜测。唐五代的结构助词"底（地）"在元代以后变成了"的"。现代汉语北方话里，"的"均读tə或ti等，如山西方言里，太原、临县读作tə；长治、运城、广灵读作ti；大同、忻州读作tiə。陕西方言，延川读作tə。山东方言，利津读作ti。云南方言，水富读作ti等。而在东南方言中，相应的助词大多是一个舌根音声母构成的音节，例如苏州kɤʔ、gɤʔ，温州gei、南昌ko、江永kɯə、梅县kɛ、阳江ko、福州ki、福清ki、漳平kai、潮州kai、厦门e，等等。[③]从语音上看，北方方言中："的"与"底"有继承关系，东南方言中读舌根音声母的音节，应与唐五代以后的"个"关系密切。

或许从唐五代到现在，"个"和"底"关系始终如一："个"是用于南方某些方言的助词，"底（地）"是官话（共同语）中使用的助词。

1.5 唐五代助词"个"所构成的是名词、形容词、副词性词组，换句话说，其功能包括了现代汉语中的助词"的"和"地"两者，这种情况，与我们在上一节中提到的"底（地）"在《祖堂集》中的用法一致。在同一历史平面之内，不同的方言可以选择不同虚词来构成相同的语法格式，虚词虽然不同，功能、意义却大致一样，这是方言语法差别的主要内容之一，"个"和"底"也正是如此。这也正好证明了我们关于晚唐五代"底"的功能包含了"地"的看法，是可能的。

贰

2.1 北宋文献中，助词"个"使用得仍不多。在北宋初年（1002年）成书的禅宗典籍《景德传灯录》中，助词"个"有三十七例。④其中"好个"二十二例，"真个"七例，"真实个"一例。例如。

（27）师云："你既不会，后面个僧祇对看。"（景德传灯录，卷八）

（28）师上堂曰："如今事不得已向汝道，若自验着实个亲切，到汝分上因何特地生疏？"（同上，卷一八）

（29）因问："如何是第一月？"玄沙曰："用汝个月作么？"（同上，卷二一）

（30）僧曰："真个那？"师曰："有些子。"（同上，卷一三）

（31）欲识曹溪旨，云飞前面山，分明真实个，不用别追攀。（同上，卷二六）

《景德传灯录》中的助词"个"有两个特点值得引起注意。首先，在晚唐五代的基础上，"个"的功能更成熟完备了。例（27）处所名词加"个"后作定语；例（28）双音节形容词加"个"后作状语；例（30）（31）"个"构成的词组作谓语，这些在《祖堂集》中有的没有见到，有的少见或不够典型。其次，《景德传灯录》篇幅是《祖堂集》的几倍，"个"的用例却增加不多（实际上，《景德传灯录》中二十二例"好个"中，有相当一部分"个"仍可看作是虚指的量词，减去这部分之后，其例句数量应与《祖堂集》相近）。我们知道，《景德传灯录》成书时间与《祖堂集》相去不远（不足五十年），两者使用上的差异，可能是由于：1.《景德传灯录》的编撰、推行，都与当时的当权者有关，多少带一些"官气"，其语言比《祖堂集》自然要规范一些，像"个"这样的方言俗语，较难被接受。2. 北宋的政治中心已转移到中原地区，当时的"官话"，肯定也会更多地带有中原方言的色彩。《祖堂集》成书于福建泉州，作品中难免有南方方言的影响，两者的方言差别，大概也是造成《景德传灯录》中助词"个"虽然功能上趋于成熟，例句数量却增加不多的原因之一。

2.2 南宋文献中的助词"个"用法，在维持晚唐五代、北宋的基础上，又有了一些新的发展。

南宋儒家语录《朱子语类》里，结构助词以用"底""地"为主，间或使用"个"，用例如：

（32）敬夫高明，他将谓人都似他，才一说时，便更不问人晓会与否，且要洗尽他个。（朱子语类，卷一〇三）

（33）也是教他自就切己处思量，自看平时个是不是，未欲便把那书与之读。（同上，卷九五）

（34）告子既不务知言，亦不务养气，但只硬把定中间个心，要他不动。（同上，卷五二）

（35）今日问个，明日复将来温寻，子细熟看。（同上，卷一一五）

（36）那礼中自然个从容不迫，不是有礼后，更添个从容不迫。（同上，卷二二）

例中带"个"的词语有名（代）词（例32、33、34）、动词（例35）、形容词（例36）构成的词组主要作定语、宾语、状语。

《朱子语类》卷帙浩繁，助词"个"的全部用例手工难以统计清楚准确，作为替代，我们统计了《朱子语类辑略》。《辑略》中共用助词"个"二十八例，形容词加"个"二十一例，名词加"个"七例（其中五例作定语）。

在南戏《张协状元》⑤中，助词"个"用得较多，结构类型也较丰富。如：

（37）莫怪说，你个骨是乞骨。（张协状元，四出）

（38）山高处个人，好似奴家张解元。（同上，四一出）

（39）〔丑〕神道不吃肥个。〔净唱〕肥个我不嫌，精个我最忺。（同上，一六出）

（40）论诗书，缓视微吟处，真个得趣。（同上，二出）

（41）个丫头到官司，直是会供状。我便是着响个。（同上，一二出）

（42）〔丑〕亚哥。有好膏药买一个归。〔生〕作甚用？〔丑〕与妹妹贴个龟脑驼背。〔末〕再生个花佗。（同上，五出）

（43）纵饶挑贩客家，独自个担来做己有。（同上，八出）

以上例（37）（38）为名（代）词加"个"，例（39）（40）为形容词加"个"，例（41）（42）为动词（组）加"个"，例（43）为副词加"个"，功能作主语、宾语、定语、状语均有。

《张协状元》中助词"个"共二十七例，形容词加"个"

十五例（"真个"十一例，"好个"一例，其余三例），名词加"个"八例，动词加"个"三例，副词加"个"一例。

2.3 宋代助词"个"的使用中，仍保持着唐五代时"个"构成的结构在句中作状语的用法（如例28、36、40），其功能仍是包括了"的"和"地"二者。与之相对应的助词"底"，在宋初（如《景德传灯录》）曾有与"地"分开的趋势，但到南宋文献中（如《朱子语类》及部分宋词和宋代禅宗语录里）又重新出现了"底""地"混用的情况。所以，宋代"个"和"底""地"总的使用状况，大体上仍是一致的。⑥

2.4 宋代以后，由于元代中国社会的动荡变迁，"个"的使用有时似乎已经不限于受南方方言影响的文献，在一些明显受北方方言影响较大的文献中，也或多或少地可以见到一点儿它的踪迹。如：

（44）巡盐马匹，除带圆牌使臣外，别个使臣休骑着。（元典章，卷二二，户五六）

（45）别个百姓每隐藏呵，有罪过者。（通制条格，卷二）

（46）此时耿一叫言："秀才你个笼中必有宝物。"（包龙图案断歪乌盆传，明成化说唱词话丛刊）

（47）金生尝了，道："满好个，满好个。"（三侠五义，三三）

当然，使用最多的仍是某些用东南方言创作的文学作品，如用吴方言写的《海上花列传》等。

叁

3.1 唐五代以后用法纷纭的"个"都是从量词"个"发展而来的。

古代汉语中"个"本来专门用以指竹。《说文·竹部》:"箇,竹枚也,从竹,固声。"《方言》:"个,枚也。"郭璞注:"谓枚数也。"在记竹的基础上,"个"很快就变成一个一般的量词,记数竹以外的物体了。如:

(48)其礼,大牢则以牛左肩臂臑折九个,少牢则以羊左肩七个,牯骍则以豕左肩五个。(礼记,少仪)

(49)负服矢五十个。(荀子,议兵)

魏晋到唐,可以用"个"来记数的东西越来越多,且作定语的例子也越来越多。

(50)但愿樽中九醖满,莫惜床头百个钱。(鲍照:拟行路难之一八)

(51)可更觅数个刀子。(冥祥记,法苑珠林)

(52)近谷有文殊与维摩对谈处,两个大岩,相对而起。(圆仁:入唐求法巡礼行记,卷三)

(53)不知湖上菱歌女,几个春舟在若耶。(王翰:春日归思,全唐诗,1605页)

(54)两个黄鹂鸣翠柳,一行白鹭上青天。(杜甫:绝句,同上,2487页)

外延的宽泛是词义虚化(内涵的缩小)所造成的,虚化后的量词"个"又产生了一种虚指的用法,它并不指一个明确的数量，因此可以脱离前面的数词而独立使用：

（55）为个朝章束此身，眼看东路无去因。（张籍：寄朱阆山人，全唐诗，4358页）

（56）一片芳心千万绪，人间没个安排处。（李煜：蝶恋花，全唐五代词，463页）

（57）惊飞失势粉墙高，好个声音好羽毛。（郑谷：飞鸟，全唐诗，7762页）

（58）入门空寂寂，真个出家儿。（修睦：题田道者院，同上，9616页）

例（55）（56）"个"前没有数词，直接用在动词之后，例（57）（58）跟在表示事物性质、状态的形容词之后。这种跟在形容词之后虚指的"个"，已经没有了表示数量的作用，而只是说明事物具有"好""真"的性质，成为表示具有某种性状领属关系的标志了，这时，它们已经类似于结构助词了。然后，形容词加"个"广泛使用，又推广到用于名（代）词、动词等之后，"个"终于具备了结构助词的功能。

以上各节中我们列举的例句及相关资料的统计数字显示，助词"个"的发展正是从用于形容词之后开始，然后才扩展到名（代）词、动词、副词。而形容词加"个"，在助词"个"的使用中，始终占有较大的比例。

3.2 助词"个"的产生和发展，只是量词"个"发展史中的一个支流，魏晋以后，从量词"个"中还演变发展出了其他用法的"个"，如从指"一个"转而特指某个，发展成代词：

（59）帝曰："个小儿视瞻异常，勿令宿卫。"（旧唐书，李密传，卷五三）

（60）有一人从河阳长店，盗行人驴一头并皮袋，天欲晓，至怀州，行成至街中见之，叱曰："个贼住！"即下驴来，遂承伏。（朝野金载，太平广记，卷一七一）

又如在表示虚指的基础上，还曾发展出作词缀的用法：

（61）问："祖祖相传，未审传个什摩？"（祖堂集，3.110）

（62）重上征骢怒脾鳖，待与强人比个英和烈。（刘知远诸宫调，一二）

（63）我闻伊，夜来得一梦，你便说个详细。（张协状元，二出）

（64）昨日个庄门外，柳影里问情怀。（刘知远诸宫调，二）

（65）〔末白〕那些个洁净！（张协状元，一六出）

以上这些例子，例（61）（62）（63）用在动词之后，例（64）（65）用在名词之后，它们都没有什么明确的词义，去掉之后，原来的动词、名词意义、功能都没有变化，这些"个"只是一些词缀罢了。

从"个"的发展历史中我们注意到：1. 近代汉语中某些虚词的使用在各方言中不仅有时间差异，而且还可能会是所用词汇本身的差异，同样的语法概念，在不同的方言中可能会用不同的虚词去表达。2. 一个虚词的产生过程是复杂的，起主要影响的因素也是复杂多样的。在我们讨论动态助词时，曾注意到，进入连动、动补两个语法格式，是近代汉语动态助词产生的基本前提，在此前提之下，动词词义的影响、限制推动了动态助词产生的过程。而在结构助词"个"产生的过程中，词义的变化似乎起了更重要的作用，词义的改变影响到词汇的功能，功能又进一步推动了词义的变化，从而最后完成了"个"虚化（语法化）的进程。同样，词义的变化也造成了代词、词缀等"个"的产生过程。

因此。我们对近代汉语语法史的研究要从时间、地域、社会历史背景等诸角度去探索，对虚词产生历史的研究，也同样应从结构关系、词义变化，甚至不同方言、语言的影响等多方面去考察。

注释

① "个"在文献中多写作"箇、個"，也有写作"个"的（如《祖堂集》），本节中均写作"个"。

② 一般说《敦煌变文集》中作品应较多地反映了唐五代西北方言的状况，但考虑到敦煌文献中有不少是宗教文献，这些文献虽藏于敦煌，却不可能完全是在西北地区写成的，所以其中不仅应当有大量官话成分，同时也可能留有某些南方方言影响的痕迹，或许，"个"的使用就是一例。

③ 有关方言资料主要引自：

袁家骅等：《汉语方言概要》，文字改革出版社，1989年。

温端政、侯精一：《山西方言调查研究报告》，山西高校联合出版社，1993年。

张崇：《延川方言志》，语文出版社，1990年。

杨秋泽：《利津方言志》，语文出版社，1990年。

卢开礦、张甤：《水富方言志》，语文出版社，1988年。

黄雪贞：《江永方言研究》，社会科学文献出版社，1993年。

张振兴：《漳平方言研究》，社会科学文献出版社，1992年。

冯爱贞：《福清方言研究》，社会科学文献出版社，1993年。

④ 数据据日本禅文化研究所编《景德传灯录索引》。

⑤《张协状元》与《小孙屠》《宦门子弟错立身》均收入《永乐大典》

一三九九一卷，一般认为是南宋作品。

⑥ 参阅本章第一节。

第五章　语气助词

　　语气助词和结构助词一样，也是古汉语中已有的一个助词小类，但在近代汉语中产生了一些新的成员，取代了古代旧有的成分。近代汉语语气助词比较丰富，不少助词还有一个或几个变体，情况就更复杂了。本章中我们不打算讨论近代汉语语气助词的全貌，而只就与现代汉语语气助词"呢"的来源和形成过程相关的问题，介绍一下"聻""那""在""里"四个语气助词的情况。

第一节　聻

　　"聻"是唐五代以后新出现的疑问语气词，多用于特指疑问句，字形也写作"你、哩"等，一般认为"聻"就是现代汉语疑问语气词"呢"的前身。本节中我们主要介绍"聻"在唐五代后的使用情况，字形及功能的演变过程。

壹

1.1 语气词"聻"的最早用例，可能是唐于頔所集《庞居士语录》中的一例：

（1）峰曰："莫是当阳道么？"士曰："背后底聻？"（庞居士语录，卷上，续藏经，卷一二〇）

《庞居士语录》署名为于頔所集，但其流传版本情况均不可考，是否确为唐代作品，后人有无改动均不可知，所以，此例似还不能作为唐代用例的确证。

较为可靠且例证较多的文献，最早的应是晚唐五代成书的《祖堂集》。《祖堂集》中"聻"又写作"你、尼、哢"，共九例，以作疑问语气词为主，也有个别例句不表疑问。用法如：

（2）夹山问："这里无残饭，不用展炊巾。"对曰："非但有无，亦无者处。"夹山曰："只今聻？"对曰："非今。"（祖堂集，3.1）

（3）仰山便去香岩处贺喜一切后便问："前头则有如是次第了也，然虽如此，不息众疑。作摩生疑聻？将谓予造，师兄已是发明了也。别是气道造，道将来！"（同上，5.83）

（4）云："此人意作摩生？"云："此人不落意。"云："不落意此人聻？"师云："高山顶上无可与道者哢啄。"（同上，2.146）

以上三例作"聻"，都用于疑问代词或名词（例4"不落意此人"承前句发问，整个句子也是被当成一个名词性成分来使用的）之后，构成特指疑问句。

（5）师与长庆从江外再入岭，在路歇次，因举太子初下生时，目视四方，各行一步，一手指天，一手指地云："天上天下，唯我独尊。"庆却云："不委太子登时实有此语，为复是结集家语？直饶登时不与摩道，便是目视四方，犹较妙子。"师问："什

摩处你？"庆云："深领阇梨这一问。"（同上，3.65）

（6）问："罕如何假？"师云："不希夷。"僧曰："作何你？"师曰："不申哂。"（同上，2.133）

（7）师问黄蘗："笠子太小生。"黄蘗云："虽然小，三千大千世界总在里许。"师云："王老师你？"黄蘗无对。（同上，4.115）

（8）只今起者便是心，心用明时更何你？不居方，无处觅，运用无踪复无迹。（同上，4.68）

以上四例用"你"，用法与前三例无异。

（9）师问："云岩作什摩？"对曰："担水。"师曰："那个尼？"对曰："在。"（同上，1.172）

用"尼"者仅此一例。①

（10）师向仰山云："寂阇梨，直须学禅始得。"仰山便："咻，作摩生学？"（同上，4.130）

此例中"咻"似乎已不是疑问语气词，而是表示一种语气上的调整或感叹肯定了。《祖堂集》中"咻"字及这种用法都仅此一例。

1.2 以上十例是我们目前见到的唐五代之前"聻"的全部用例，在比《祖堂集》稍早的《敦煌变文集》和《全唐诗》、唐代文集、笔记小说中，都还没有发现有用"聻"（包括写作"你、尼、咻"）的例子。以上十个例子的用法基本一致，除例（10）表示肯定外，其余九例都表示疑问语气，且都用于特指疑问句中。

贰

2.1 宋代"聻"继续出现在禅宗语录中，字形"聻""你"

"你"三种都有，但似乎不是在各种文献中三种字形都可以使用，用法在晚唐五代的基础上有了一些变化。

2.2 宋代"聻"字较常见的用法，有以下几种：

A₁

（11）师问南泉："近离什么处来？"云："江西。"师云："将得马大师真来否？"泉云："只这是。"师云："背后底你？"无对。（景德传灯录，卷七）

（12）州将王公于衙署张座请师说法，师升坐良久，谓众曰："出来也打，不出来也打。"时谭空和尚出曰："崔禅你？"（同上，卷一二）

（13）师一日见僧来，师云："是什么物与么来？"僧云："口痛祇对和尚不得。"师云："鼻孔你？"僧无语。（明觉禅师语录，大藏经，卷四七）

（14）睦州升座云："首座你？"答云："在。""寺主你？"答云："在。""维那你？"答云："在。"（圆悟佛果禅师语录，同上，卷四七）

（15）山僧闻之鼻孔里嘻嘻地冷笑，且道："笑个什么聻？岂不见古人道：如今是甚时节出头来？"（续古尊宿语要，卷五，续藏经，卷一一九）

（16）昔有一秀才作无鬼论，有一鬼出云："你道无鬼，我聻？"秀才遂阁笔。（北涧居简禅师语录，续藏经，卷一二一）

A₂

（17）圆悟曰："只要檀郎认得声，他既认得声，为什么却

不是？"祖曰："如何是祖师西来意，庭前柏树子聻？"（大慧普觉禅师语录，大藏经，卷四七）

（18）僧云："只如马大师道：待汝一口吸尽西江水，却向你道聻？"（虚堂和尚语录，同上，卷四七）

（19）且道：什么人升得法华堂，入得法华室咻？（续古尊宿语要，卷一〇，续藏经，卷一一八）

（20）"即心即佛作么生会？"云："不会。""非心非佛如何？"云："不会。""不是心不是佛不是物咻？"云："不会。"（松源崇岳禅师语录，续藏经，卷一二一）

A₃

（21）瑞岩老子自买自卖，弄出许多神头鬼面，何故聻？一个唤底，一个应底，一个惺惺底，一个不受人瞒底。（无门关，大藏经，卷四八）

（22）黄龙又且不然，是非都去了，是非里荐取，何故聻？几度黑风翻大浪，未曾闻道钓舟倾。（无门慧开禅师语录，续藏经，卷一二〇）

B

（23）第一说到行不到，第二行到说不到，第三聻，卓主杖，人贫智短，马瘦毛长。（虚堂和尚语录，大藏经，卷四七）

C

（24）有般汉，东西不辨，南北不分，便道："经行及坐卧咻，吃粥吃饭咻，正是唤奴作郎，认贼作子。"（密庵和尚语录，同上，卷四七）

D

（25）师竖起拂子，云："还见么？"进云："非惟佛日重辉，亦乃丛林有赖。"师云："只是蹉过百丈咦。"僧礼拜。（松源崇岳禅师语录，续藏经，卷一二一）

（26）睦州见僧来参便喝云："上座如何偷常住果子？"僧云："某甲方来，因甚道偷常住果子？"州云："赃物现在聻！"（同上）

（27）僧问赵州："如何是赵州？"州云："东门西门南门北门。"僧云："不问这个。"州云："尔问赵州聻！"（大慧普觉禅师语录，大藏经，卷四七）

（28）隐山向佗道："也好聻！今朝起来懒倦，只依佗所说，举似大众。"（续古尊宿语要，卷二，续藏经，卷一一八）

（29）佛果举似五祖，祖云："好也聻！"（虚堂和尚语录，大藏经，卷四七）

上述四组例句，A$_1$是《祖堂集》中"聻"字用法的延续，接在名词性成分或疑问词之后，构成特指疑问句，这些句子的形式，基本上都"不是完整的句子"[②]。A$_2$接在一个句子之后，把这个句子当作一个体词性成分来提问，构成的仍是特指问句。《祖堂集》中曾有一例类似的句子出现（例4），但提问的句子与前边的陈述句稍有不同（陈述为"此人不落意"，问句为"此人不落意"），严格地说例（4）似还不是典型的例子。宋代则例子更典型，例句也较多了。A$_1$A$_2$结合，大体上就是现代疑问语气词"呢"在特指问句中的用法。A$_3$形式上仍是问句，但实际上并无疑问的意思。这种自问自答的句式，也是现代"呢"的用法之一。

B组一例表示停顿、调整说话的语气，用法已与疑问无关了。

C组一例表示列举、提示。B、C两组中"曋（你）"在肯定句中的用法，现代均可用"呢"表达。

D组中"曋"表达强调、感叹的语气。前三例（例25、26、27）加重肯定语气，强调指明某种事实的存在。后两例（例28、29）用在形容词后面，表达感叹、夸张的语气。这两种用法前者现代"呢"有相应的句式，后者与现代"可+形容词+呢"句式所表达的语气相似。

综合以上四组用例，宋代"曋（你、你）"已经发展成兼表疑问、停顿、提示、感叹等多种语气的综合性语气助词，基本上具备了"呢"在现代汉语中的各种功能，从这个意义上说，现代汉语语气助词"呢"在宋代就已经产生并趋于成熟了。

2.3《祖堂集》中"曋"（你）独用，表示停顿、感叹的用法，宋代也仍有用例，如：

（30）师曰："在既不无，请渠出来，我要相见。"僧曰："曋！"师曰："这个犹是侍者。"僧无对。（五灯会元，卷一四）

（31）复举黄龙南禅师示众云："有五种不易，……更有一种不易，是什么人？"良久云："曋！"便下座。（密庵和尚语录，大藏经，卷四七）

（32）老范首座至，上堂："阳春曲，无弦琴，声偃六律，韵排五音，月冷兮风清，山高兮水深，举世有谁知此心？"良

久顾视云："聻！"（无准师范禅师语录，续藏经，卷一二一）

这些表示感叹的"聻"字，有时也带有指示的意思，如例（30）中僧回答"聻"就很像是指代了问句中的"渠"。"聻"字《广韵》上声止韵，"乃里切，指物貌也。"《玉篇》："尼止切，指物貌。"或许这些独用的"聻"字正是"指物貌"的用法。独用的"聻"在禅宗以外的文献中尚未见到，禅宗语录中亦很少见，这可能是由于作为指物貌的代词，"聻"在代词系统中不可能占据一个独立的位置，而作为语气或感叹词，类似的作用也有相应的成分充当，"聻"也无法占据一席之地。所以，独用的"聻"用例极少，使用时间也很短。

叁

3.1 元代"聻"极少见，目前只在元代禅宗语录中收集到个别例子，如：

（33）虽然如是，毕竟在什么处聻？若向这里知得落处，便见未出母胎，已自行脚了也。（高峰和尚禅要，中国禅宗大全）

《高峰和尚禅要》，元临济宗禅师原妙撰，其中"聻"两见。元代禅宗早已失去了唐五代时禅宗质朴无华的本色，语言上也离口语距离较大，所以，这个例子并不足以反映出"聻"在元代使用的真实面貌。

3.2 元代前后，"聻"的字形有可能已改作"呢"了，目前所见"呢"较早的例子是：

（34）问道："担子呢？"应道："撺在河里。""匾担呢？""撺在河里。"（万秀娘仇报山亭儿，警世通言）

《万秀娘仇报山亭儿》一般都认为是宋元早期话本，但三言多经冯梦龙改写，此例究竟产生于何时，难以确定。

（35）俊臣道："此处须是内地，不比外江。况船家是此间人，必知利害，何妨得呢？"（拍案惊奇，二七）

元曲中也有一些例子，但不见于《元刊杂剧三十种》，也不见于唱词，如：

（36）张千，你来了，你拿的人呢？（勘头巾，三折，元曲选）

（37）〔正末指张郎云〕婆婆，我问你，这个是谁的？〔卜儿云〕是俺的。〔正末云〕这个呢？〔卜儿云〕这个是你的。（老生儿，二折，同上）

（38）那厮见你手段高强，被他藏了躲了呢？（昊天塔，二折，同上）

（39）夫人，小娘子，假若有这条玉带呵呢？（裴度还带，三折，元曲选外编）

元曲中宾白的写作年代，据考证也不是元代的作品[3]，可能出自明人之手。

明代中叶白话小说《西游记》中，也有"呢"的用例，如：

（40）八戒笑道："先生，你的明杖儿呢？"（西游记，二一）

（41）呆子……慌得一毂辘爬将起来道："我的马哩？"行者道："树上拴的不是？""行李呢？"行者道："你头边放的不是？"（同上）

（42）咄！你娘呢？你老婆呢？好个绷巴吊拷的女婿呀！（同上，二四）

（43）"你们请的奶奶呢？"毫毛用手指道："那轿内的不是？"（同上，三四）

（44）行者道："正是呢。我们走脱了，被他赶上，把我们就当汗巾儿一般，一袖子都笼去了；所以阁气。"（同上，二六）

《西游记》中"呢"不仅用于特指疑问句，也用于表示肯定语气（例44）。

3.3 清代"呢"的例句开始大量出现，并开始兼有表示疑问、肯定等多种功能。

（45）做孙子的又不曾得罪叔么，为甚么要打我呢？（儒林外史，二三）

（46）袭人姐姐呢？（红楼梦，八）

（47）到底是要他呢？还是不要他呢？（儿女英雄传，二三）

（48）我尝了不觉得怎么好，还不及我们常喝的呢。（红楼梦，二五）

（49）就是老太太问，有我呢！（同上，八）

（50）只有六钱银子，不够买的呢。（醒世姻缘传，六七）

（51）来呢，一齐来，不来一个也不来。（红楼梦，八）

（52）其已得举人、进士、翰林、部曹等官的呢，就谈朝廷革命。（老残游记，一一）

（53）好妹妹，替我梳梳呢。（红楼梦，二一）

（54）咻，问你话呢！（同上，一四）

清代"呢"和宋代"聻"的用法一样，疑问、肯定、停顿、强调各种用例都出现。

3.4 "聻"的来源，王力先生指出："从语音上说，从'尔'变'呢'是说得通的；但是，从上古到近代，中间有将近一千年的空白点，历史的联系无从建立起来。"④

"尔"在古汉语中作为疑问语气词出现较早，如：

（55）三月癸酉，大雨震电。何以书？记异也。何异尔？不时也。（公羊传，隐公九年）

（56）季子杀母兄，何善尔？诛不得辟兄，君臣之义也。（同上，庄公三十三年）

但"尔"在先秦文献中分布不均，《公羊传》是出现最多的文献，例子甚多，而其他同期文献中，有些却使用很少，如《谷梁传》中就仅一见。

魏晋以后，法帖笔记仍有使用，如：

（57）知足下连不快，何尔？（王羲之书，淳化阁帖，卷六）

（58）刘真长年十六，在门前弄尘，垂鼻涕至胸。洛下年少乘车从门过，曰："年少甚塸垌。"刘便随车问："为恶为善尔？"（裴子语林，古小说钩沉）

唐五代以后写作"聻，你、哵"等，一直使用到元代，明代起作"呢"，一直沿用至今。

本节中我们所列举的材料大致填补了从魏晋以后到明清"聻"发展的过程，在这个过程之中，元代以前，无论是早期的"尔"，还是唐五代、宋代的"聻"，使用上都有某种限制，它们始终都只在很少一部分文献中出现，对于造成这种情况的原因，我们目前尚无合理的解释，还有待于更多的材料和更深入的研究才能解决。

注释

① 太田辰夫先生据此例认为在"聱"到"呢"之间有一写作"尼"的时期，就目前所见例句看，除此例外，只有清代（1765年）《朴通事新译》中有一例："一百钱短一个也不卖，你怎么这么硬头硬脑的尼？"而清代"呢"已较常用，所以"聱"到"呢"之间是否有用"尼"的阶段尚需材料证明。同时，此例"尼"字在《景德传灯录》中被改作"底"，也就是说《景德传灯录》作者认为此"尼"字不是语气词，对此，亦应予以注意。

② 王力《汉语史稿》中册，457页。

③ 参阅梅祖麟《从语言史看几本元杂剧宾白的写作时代》，《语言学论丛》第十三辑。

④ 王力《汉语史稿》中册，454页。

参考文献

江蓝生：《疑问语气词"呢"的来源》，《语言研究》1986年第2期。

太田辰夫：《中国语历史文法》，北京大学出版社，1987年。

王力：《汉语史稿》中册，中华书局，1980年。

第二节　那

"那"也是近代汉语中新兴的一个语气助词，它与"聱"联系密切，又有明显的差别。本节中，我们主要讨论"那"在近代汉语中出现和消亡的时间，使用过程中功能的发展变化，以及它和"聻"之间的关系。

壹

1.1 "那"作语气助词在文献中出现较"聻"要早一些，从魏晋开始，文献中就能见到个别的例子，如①：

（1）疲倦向之久，甫问君极那？（魏，程晓诗）

（2）公是韩伯休那？乃不二价乎？（后汉书，韩康传）

（3）陈舞复传语曰：不孝那！天与汝酒饮不肯饮，中有恶物耶？（全晋文，废太子遹：遗王妃书）

例（2）唐李贤注："那，语余声也，音乃贺反。"在唐代文献中，这种"语余声"用法的"那"，也有反映，如：

（4）得宝弘农野，弘农得宝那！（陆龟蒙：得宝歌）

（5）谁知彭泽意，更觅步兵那？（王绩：赠学仙者）

从魏晋到唐代，目前我们见到"那"的用例仅此五例（不包括李贤注的一句），如此少见的例句，证明它应当是一个较口语化、新兴的助词，魏晋到唐代这一段应当是其产生的初期。

同样，如此少的例句也使我们不能认识其使用的全貌，从这些例句中我们只能大致了解到，"那"作为语气助词兼有疑问（例1、2、5）和肯定（例3、4）两种功能。作为疑问语气词，它可能主要用于是非疑问句中。

1.2 在唐五代的两种主要文献《敦煌变文集》和《祖堂集》中，前者"那"没有出现，《祖堂集》中"那"用了九次。例如：

（6）师曰："汝因何从我觅？"进曰："不从师觅，如何即得？"师曰："何曾失却那？作摩？"（祖堂集，1.153）

（7）从来岂是道得底事那？作摩？（同上，3.88）

（8）师云："岂是有纹彩那？作摩？"（同上，3.111）

（9）或时见僧入门来，云："患颠那？作摩？"（同上，3.120）

（10）僧问西堂："有问有答则不问，不问不答时如何？"答曰："怕烂却那？作摩？"（同上，4.57）

（11）是你诸人患颠那？作摩？（同上，4.133）

（12）只如佛法到此土，三百余年，前王后帝，翻译经论可少那？作摩？（同上，5.73）

（13）师与道吾、豇子三人受山下人请斋，一人云："斋去日晚。"一人云："近那，动步便到。"（同上，2.12）

（14）有一僧吃粥了便辞师，师问："汝去什摩处？"僧云："礼拜大沩。"师云："近那，吃饭了去也。"（同上，5.104）

《祖堂集》中"那"仍保持了兼表疑问、肯定两种语气的功能。表示疑问的有七例（例6—12），例中"那"均与"作摩"连用，"那"在前一分句之末，构成一个有责备、质问语气的反诘问句，"作摩"自成一小句，表示"作什么"，"还是怎么样"的意思，有加强前一反诘问句语气的功能。表示肯定的只有两句，与前面所举魏晋和唐代例子比，功能上没有什么变化。

贰

2.1 与晚唐五代相比，宋代"那"使用的最大变化，是《祖堂集》中使用的"～那？作摩？"句式不用了。

《祖堂集》中七例疑问语气的"那"均用于"～那？作摩？"句式中，对照《祖堂集》中的例子，我们调查了这几个句子在宋代禅宗文献《景德传灯录》和《五灯会元》中的情况。例（6）在《祖堂集》中见于"石头和尚"语录内，而在《景德传灯录》《五灯会元》中均见于"京兆尸利禅师"语录内，例为：

（15）石头曰："汝何从吾觅？"曰："不从师觅，如何即得？"石头曰："汝还曾失却么？"（景德传灯录，卷一四）

（16）头曰："汝何从吾觅？"曰："不从师觅，如何即得？"石头曰："汝还曾失么？"（五灯会元，卷五）

例（10）三书均见于"百丈和尚"语录内，在《景德传灯录》和《五灯会元》中作：

（17）云："有问有答，不问不答时如何？"西堂云："怕烂却作么？"（景德传灯录，卷六）

（18）因僧问西堂："有问有答即且置，无问无答时如何？"堂曰："怕烂却那？"（五灯会元，卷三）

其他五例没有被收入《景德传灯录》和《五灯会元》两书，同时，在这两部书中也没有其他"～那？作摩？"句式出现。

2.2 宋代"～那？作摩？"句式虽然不再出现了，但语气助词"那"的用例仍明显增多，主要见于禅宗语录，其他文献中偶见。例如：

（19）师云："大小德山不会末后句。"山闻，令侍者唤师至方丈问："尔不肯老僧那？"（景德传灯录，卷一六）

（20）僧问："佛界与众生界相去多少？"师曰："道不得。"

僧曰："真个那？"师曰："有些子。"（同上，卷一三）

（21）阳曰："汝解腾空那？"曰："不解腾空。"（五灯会元，卷一四）

（22）师执其手问曰："汝是悟侍者那？"悟曰："诺。"师曰："是当时在知客寮，见掉火柴头，有个悟处底么？"（同上，卷一七）

（23）师问杏山："如何是露地白牛？"山云："吽吽。"师云："哑那？"山云："长老作么生？"师云："这畜生。"（古尊宿语要，续藏经，卷一一八）

（24）"上座今日上山去那？"僧云："是。"（续古尊宿语要，同上）

（25）师在南岳福岩为藏主，李殿院同雅长老入藏院，师出接殿，院云："藏主那？"师云："不敢。"（明觉禅师语录，大藏经，卷四七）

（26）南泉物见主，眼卓竖，矍然起坐乃问："尔是有主沙弥那？"赵州云："某甲不敢。"（虚堂和尚语录，同上）

（27）师云："独坐大雄峰。"僧云："怎么则主山高案山低去也。"师云："一切坐断。"僧云："争奈目前何？"师云："汝待换老僧舌头那？"（虎丘绍隆禅师语录，续藏经，卷一二○）

（28）师云："一举四十九。"进云："坐断十方去也。"师云："你要哑却老僧口那？"（应庵昙华禅师语录，同上）

（29）师问僧什么处来，曰："江西。"师曰："学得底那？"曰："拈不出。"（景德传灯录，卷一九）

以上是禅宗语录中用作疑问语气词的例子，这种用法是宋代"那"作为语气助词的基本功能。在各种疑问句中，"那"基本上只用于是非疑问和反诘问句，用于特指问句的很少。在《景德传灯录》中疑问语气词"那"用了六次，用于特指问句的只有例（29）一例。②其他禅宗语录中情况也基本如此（例29是宋代禅宗语录中很常见的一句话，在许多语录中都出现过，所以，虽然说宋代有多种禅宗语录中有用于特指疑问句的"那"，但实际上指的多是这一个例子）。

（30）成都府范县君者，嫠居岁久，常坐而不卧，闻圆悟住昭觉，往礼拜，请示入道因缘……后有省曰："元来怎么地近那！"（五灯会元，卷一九）

（31）这僧那，免受涂胡，有指示，无指示，韶石四楞塌地。（同上，卷二〇）

（32）看他手忙脚乱，藏身露影，去死十分，烂泥里有刺，怎么那，赚我。（佛果圆悟禅师碧岩录，大藏经，卷四八）

（33）佛法云："将谓是慈悲那，低声低声，未必善因，不招恶果。"（拈八方珠玉集，卷中，续藏经，卷一一九）

（34）福云："我不可作雪峰弟子不得那！"（圆悟佛果禅师语录，大藏经，卷四七）

（35）仰山指月云："人人尽有这个，只是用不得。"沙云："恰是，便请尔用那！"（佛果圆悟禅师碧岩录，同上，卷四八）

（36）云门大师到乾峰云："请师答话。"峰云："到老僧也未？"门云："怎么那！怎么那！"（应庵昙华禅师语录，续藏经，

卷一二〇）

　　以上是禅宗语录中用作肯定语气的"那"，其中例（30）
（34）（35）（36）表示强调、夸张，例（31）（32）（33）表示停
顿，调整语气。这些"那"字的用法比之魏晋到唐五代的例子，
表达的语气更丰富了。

　　宋代禅宗语录之外的文献中，"那"的出现要少得多，但令
人感兴趣的是，其中有写作"哪"的例子。

　　（37）病得那人妆晃了，巴巴，系上裙儿稳也哪？（辛弃疾：
南乡子，全宋词，1908页）

　　（38）是夜，复以酒至，即迎告之曰："人言汝是自缢鬼，
果否？"妇人惊对曰："谁道那？"（夷坚志，乙志，卷二〇）

　　（39）宣城符里镇人符助教……正坐肆中，一黄衣卒忽至
前，瞠曰："汝是符助教那？阴司唤汝。"（同上、丁志，卷一〇）

　　例（37）中"那"作"哪"。以上三例中"那"也都是表示
是非疑问或反诘的，用于其他类型疑问句的例子未见。

　　（40）些底事，误人哪！不成真个不思家。（辛弃疾：鹧鸪
天，全宋词，1966页）

　　（41）借问喧天成鼓吹，良自苦，为官哪！（同上：江神子，
同上，1934页）

　　（42）水饭恶冤家，些小姜瓜，尊前正欲饮流霞，却被伊来
刚打住，好闷人那！（夷坚志，三志己，卷七）

　　例（40）（41）中"那"也作"哪"。这些表示肯定语气的
例子，和上面所举禅宗语录中的情况也是一致的。

2.3 宋代语气助词"那"比唐五代更加成熟，用例增多，表达的语气丰富，并出现在禅宗语录之外的文献中。

"那"作为疑问语气词，表达是非疑问和反诘是其基本功能，在这一点上，它与"聻"有明显的分工。宋代是非疑问句中另外一个常用的语气词是"么"，"那"的功能与"么"相近，所以，当《祖堂集》中的"～那？作摩？"句式在宋代被排斥时，宋人把其中的语气词改成了"么"（例15、16），这种改动，正反映了宋人眼中这几个疑问语气词分工的不同。

叁

3.1 元代语气助词"那"继续广为使用，功能也较唐宋有明显扩大，概括起来，元代"那"的用法可以分为以下四类：

A

（43）这的每勾当其间，不拣是谁休入去者，入去的人不怕那？（元典章，卷五，台纲一）

（44）更这的每倚着这般道来么道，合纳的税粮不纳，不干碍自己的田地隐藏着，没体例的勾当做呵，他每不怕那？（同上，卷三三，礼六）

（45）又这打算的要肚皮，觑面情呵，无体例的百姓生受行呵，他每更不怕那？（通制条格，卷二）

（46）师父道："与和不与，不由你那？"（任疯子，元刊杂剧三十种）

（47）哥哥，你更待那里去来？有真命皇帝，咱弟兄厮守，只不好那？（博望烧屯，同上）

A类是唐宋以来用于是非、反诘问用法的延续，元代此类例句，以用于反诘问者居多。

B

（48）住者，你休言语，我根底下说词那！（气英布，同上）

B类"那"表示肯定、夸张的语气，这种功能也是"那"在唐宋已有的，但这种用法在元代不多见。

C

（49）去年您和省官人每商量来的勾当，行了来那不曾？（元典章，卷六，台纲二）

（50）这言语是实那？是虚？（同上，卷二四，户一〇）

（51）如今各路打捕户每问将来：俺弓箭合把那？不合把？（同上，卷三五，兵二）

（52）上宿者五十人，杀太守二十余人，灯下走脱者，须认得是刘备那？不是刘备？（三国志平话，卷上）

（53）大哥，这是冬天那？春天？（汗衫记，元刊杂剧三十种）

（54）自古及今，那个人生下来便做大官享富贵那？（拜月亭，同上）

（55）他道认得咱，不知是谁那？（介子推，同上）

C类"那"用在特指（例54、55）、选择疑问句（例49—52）中。元以前，此类句式中或不用疑问语气词，或用"聻"，基本上不用"那"，上述例句表明，元代"那"的功能已有所扩大，兼有了"聻"的部分用法。我们曾对《元刊杂剧三十种》和《关汉卿戏剧集》两种资料作过统计，其中

"那"用在是非、反诘问句和特指、选择问句中的数量大致相等。

D

（56）这般宣喻了，别个的管民官、和尚每不怕那？甚么？（元典章，卷三三，礼六）

（57）这和尚、先生，也里可温答失蛮等，倚着这般宣喻了也么道，不依自己教门，行做无体例勾当呵，不羞不怕那？甚么？（同上）

（58）如是元骑马匹不乏，强行夺要头匹，不有罪故那？甚么？（同上，卷三六，兵三）

（59）近据和买草料起送诸物，虽是官马支价，其搬运脚力百姓亦是生受，已后怎么，可怜见咱每不识那甚么。（同上）

（60）却将海青牌并劄子人盘问，不着放回去呵，脱脱禾孙有有罪过那甚么。（同上）

这是一组很有趣的例子，从形式上看，例（56）（57）（58）与前面所举《祖堂集》中的例（6）—（12），除疑问代词"作摩"换成了"甚么"之外，其他完全相同，例句中"那"仍是构成一个有责备、质问性质的反诘问句，"甚么"也仍是构成后一小句，用以加强前面反诘间的语气。例（59）（60）用在陈述句末，表示肯定、强调的语气，这样的用法在《祖堂集》中没有出现过，是元代这个句式的新用法。

在元代文献中，D类例句只见于《元典章》《元代白话碑》等所收的白话诏书、敕令中，这些诏书、敕令都是用元白话写作的，而元白话则是当时蒙古族入主中原之后使用的一种蒙语和汉语互相结合的产物。

元代文献中D类例句继承了唐五代表疑问的用法，在此基础上还产生了表示肯定的用法，从元朝的历史看，不足百年的时间不可能使一个句式重新产生并有这样大的变化。所以，"～那？作摩？"的句式宋以后可能并不是真正地消失了，而是由于方言与共同语关系等的变化，使它失去了在共同语中存在的位置，变成了某种方言，在某些个别地区使用、发展，到了元代，又随着历史背景的变化，被重新带到元白话中。

在本书其他章节中我们多次提到过，某些语言现象是随历史背景的变化而变化的，这些变化，又在唐五代和元代，宋代和明代之间显示出某些一致性，我们相信，这些一致性的产生，应当是历史背景中的一致性因素造成的。

3.2 明代以后，"那"走向了衰亡。这个时期不同地域的文献中，"那"的使用情况有所不同。在受北方元白话影响较大的会话书《老乞大》《朴通事》里③，"那"还继续使用，如：

（61）咱们则这后园里去净手不好那？（老乞大）

（62）那杂货铺儿是你的那？（同上）

（63）"你家里没猫儿那？""我家里没。"（朴通事）

以上是用于是非疑问句的例子。

（64）客人，你要南京的那？杭州的那？苏州的那？（老乞大）

（65）打什么紧那？（朴通事）

（66）你这马是一个主儿的那？是各自己的？（老乞大）

以上用于特指、选择问句。

（67）姐姐你再寻思我这秋月纱窗一片心，只灭了我这心头火，强如良药治病，怕没治病的心那！（朴通事）

例（67）用于肯定句。

（68）今后再厮见时，不是好兄弟那？甚么？（老乞大）

（69）你做这般不合理的勾当，若官司知道时，把咱们不偿命那？甚么？（朴通事）

"~那？甚么？"的句式在《老乞大》《朴通事》中也保留了下来。

在以上两部书中，表示肯定语气的"那"一见，"~那？甚么？"两见。用于是非疑问句的"那"有八例，在两书中此类问句一百一十一例，一百例用"么"，显然，"那"已经不很活跃，没有太大生命力了。特指、选择问中"那"用了十七次，数量较多，但明代疑问语气助词"呢"已经开始出现，这个位置很快就由"呢"来占据了。《老乞大》《朴通事》虽然仍用"那"而不用"呢"，但这可能已是"那"使用的尾声了，在这两部书之后不久的同类会话书《训世评话》中，就见不到"那"的这种用法了。

在同期受南方方言影响的文献如《水浒传》，以及以后的白话小说《西游记》《金瓶梅词话》《儒林外史》《歧路灯》《红楼梦》《儿女英雄传》中，"那"在各种疑问句中都消失了[④]，取而代之的是"呢（哩）"和"么"。

肆

在本章第一节中我们讨论了语气助词"聻","那"和"聶"的主要异同是什么，它们的关系如何呢？从本节的分析中看，主要有以下几点：

一、"那"可能产生于魏晋前后，"聻"始见于唐代。

二、"那"和"聻"都是疑问语气词，但分工有所不同。魏晋到唐宋，"那"基本上只用于是非、反诘问句；"聻"只用于特指问句。元代到明初，"那"除用于是非、反诘问句之外，也开始用于特指、选择问句；"聻"元代情况不明，明代开始字形转变为"呢"，功能不变。

三、从唐代起，是非疑问句中主要使用的疑问语气词是"么（摩、麽）"，"那"只在部分文献中起辅助作用，这种情况注定了它要在语气助词系统的调整中被淘汰掉；"聻"则由于在特指、选择问句中占据了语气词的主要地位，最终被保留下来。

四、"那"的使用元代以后可能已经具有了一定的地域限制。

五、"那"和"聻"从产生之初，就都是兼表疑问、肯定两种功能的语气词，又都是以表疑问语气为主。

所以，从产生、发展过程和功能两方面看，"那"和"聻"都是两个完全不同的语气助词。

注释

① 例（1）（2）转引自太田辰夫《中国语历史文法》，366页。

②《景德传灯录》另一例"那"见于卷一七："不落意此人那？"此

句在《祖堂集》中作："不落意此人聻？"据此，例中"那"应是用于特指问句。但《祖堂集》中此例虽是特指问句，宋人仍有可能把它当作是非问句而改"聻"为"那"，因此，此例如何理解，可以暂且存疑。

③ 以下《老乞大》《朴通事》两书中用例的统计数字，据《〈老乞大〉〈朴通事〉索引》，兰州大学中文系语言研究室、兰州大学计算机科学系编，语文出版社，1991年。

④ 参阅刘坚等著《近代汉语虚词研究》，178页。

参考文献

江蓝生：《疑问语气词"呢"的来源》，《语言研究》1986年第2期。

刘坚等：《近代汉语虚词研究》，语文出版社，1992年。

太田辰夫：《中国语历史文法》，北京大学出版社，1987年。

第三节 在 里

"在"和"里"都是"申言之词，以祛疑树信"[①]为用，吕叔湘先生在《释景德传灯录中在、著二助词》一文分析了"在"的来源、发展和唐宋使用情况，指出"此一语助词，当以在里为最完具之形式，唐人多单言在，以在概里；宋人多单言里，以里概在"。[②]吕先生的分析周密精到，在本节里，我们只想补充一些唐代以后"在""里"使用的例证，并简要介绍一下"在""里"与语气助词"呢"之间的关系。

壹

1.1 语气助词"在"较早的用例见于唐代，表示强调某种事物存在的语气，唐代笔记小说、唐诗中不乏其例，如：

（1）客曰："有人换公书。"高笑曰："必是张公也。"乃详观之，得其三纸，客曰："犹有在。"（书断，太平广记，卷二〇八）

（2）巽曰："李巽即可在，只是独不称公意。"（嘉话录，同上，卷二四二）

（3）（罗公远）又借太子所乘马，太子怒，不与。远曰："已取得来，见于后园中放在。"（朝野金载，同上，卷二八五）

（4）五嫂咏曰："他家解事在，未肯辄相嗔，径须刚捉着，遮莫造精神。"（张鷟：游仙窟）

（5）未死会应相见在，又如何地复何年。（白居易：十年三月三十日，全唐诗，4914页）

（6）唯有闲行犹得在，心情未到不如人。（同上：自叹，同上，4965页）

（7）晚风犹冷在，夜火且留看。（同上：别春炉，同上，5015页）

晚唐五代的禅宗典籍《祖堂集》中，也有一些例子，如：

（8）舌头不曾染着在。（祖堂集，1.6）

（9）师云："犹有纹彩在。"（同上，1.180）

（10）问不逢不遇时如何？师云："也大屈在。"（同上，2.122）

（11）师云："看你平生未脱笼在。"（同上，4.17）

（12）师云："罗刹鬼国不远在。"（同上，4.54）

从唐五代用例看，助词"在"所表达的语气，大体上相当于现代汉语中表示肯定语气的助词"呢"。

1.2 宋代"在"使用仍较多，主要见于禅宗语录。儒家语录、宋词等，用例多且出现的文献也较广，说明"在"在宋代仍是一个口语中广泛使用的助词。宋代助词"在"的用例，吕先生文章中已列举了许多，我们仅补充一点《朱子语类》中的例子。如：

（13）孟子说："不违农时"，只言王道之始，未大段是政事在。（朱子语类，卷二一）

（14）然亦不止就贫富上说，讲学皆如此，天下道理更阔在。（同上，卷二二）

（15）问"无违"。曰："未见得圣人之意在。"（同上，卷二三）

（16）问："'徙义'与'改不善'两句，意似合掌。"曰："圣人做两项说在。"（同上，卷三四）

（17）横渠这说，且与存在，某未敢决以为定。（同上，卷三五）

和唐五代相比，宋代"在"用法上的变化，主要有两点：一是与"里"连用的多了，如：

（18）既然有这物事，方始具是形以生，便有皮包裹在里。（朱子语类，卷一六）

（19）为学之道，在诸公自去着力，且如这里有百千条路，都茅塞在里，须自拣一条大底行。（同上，卷一一五）

（20）陈芝、廷秀……曰："每尝读书，须极力苦思，终而不似。"……曰："也无大段可思，圣人言语平铺说在里。"（同上，卷一一九）

唐代笔记中亦有用"在里"者，如：

（21）及重试退黜，唁者甚众，而此僧独贺曰："富贵在里。"（摭言，太平广记，卷二二四）

类似用例在唐代极少见，而且这种"在里"，带有一种"在这里""在其中"的意思，实词义仍较明显。以上所举《朱子语类》中的例子，都是表达某种现象的存在，和单用"在"的例子完全一样。

其次，宋代有了一些"在"用于疑问句的例子，如：

（22）须知杀中有活擒纵人天，活中有杀权衡佛祖，直饶说得杀活偶傥分明，山僧问尔：觅剑在？（圆悟佛果禅师语录，大藏经，卷四七）

（23）云门云："且道：是牛外纳？牛内纳？直饶说得纳处分明，我更问尔：觅牛在？"（密庵和尚语录，同上）

（24）这沙弥，更要我与你下注脚在？（五灯会元，卷二〇）

（25）如今学者不得病在，甚处病在？不自信处。（古尊宿语要，续藏经，卷一一八）

这些疑问句一般都是反问或表示质问的句子，"在"在其中有加强语气的作用，这种用于疑问句中的"在"，应当是从表示肯定的"在"中发展来的，二者间所表达的语气上仍有联系。用于疑问句的"在"可能是宋代新出现的用法，类似的例子不见于唐代文献，在晚唐五代的《祖堂集》和宋初的《景德传灯录》中，也没有这样的例句。

1.3 宋代以后，语气助词"在"用例减少，元明文献中都只有零散的例句，如：

（26）我曾见风魔九伯，不曾见这般神狗、乾狼在。（董西厢，卷五）

（27）大人，所知的新官下马，你慢在。张千，跟着我接新官去来。（四春园，二折）

（28）便有那俊庆儿憔悴死，想当日曾陪在。（水仙子，盛世新声，亥集）③

（29）公公害病未起在，等老子入去传话。（宋四公大闹禁魂张，古今小说）

（30）只见张员外家门便开着，十字两条竹竿，缚着皮革底钉住一碗泡灯，照着门上一张手榜贴在。（小夫人金钱赠少年，警世通言）

（31）妇人道："那衣服倒也有在。我昨日见李桂姐穿的……纱裙子，倒不知多少银子，你倒买一条我穿罢了。"（金瓶梅词话，五二）

从这些零散的句子看，元代以后"在"的使用可能已经逐渐萎缩，明代就很少使用了。

贰

2.1 语气助词"里"出现的时间和"在"相似，唐代笔记中于始见到用例，如：

（32）庚午辛未之间，有童谣曰："花开来里，花谢来里。"（玉堂闲话，太平广记，卷一四〇）

（33）后明皇幸蜀，至中路曰："岂郎亦一遍到此来里。"（嘉话录，同上，卷一五〇）

《敦煌变文集》中也有出现。如：

（34）佛向经中说着里，依文便请唱将来。（父母恩重经讲经文，敦煌变文集）

（35）幸有光严童子里。（维摩变文，2292页）

（36）他儿婿还说道里。（3128页）④

《祖堂集》中有一个例子：

（37）又云："汝三生中汝今生何生？实向我说看。"仰山云："想生相生，仰山今已淡泊也，今正流注里。"（祖堂集，5.69）

《祖堂集》中"在"用例较多，"里"仅此一见，同时此例文义也不太明白，是否为语气助词，还在疑似之间。

2.2 唐五代"里"的用例比"在"要少，从表达的语义看，"在"和"里"都是"祛疑树信"的"申言之词"，表达肯定语气，这两个同样语义的词语，似并非完全平等的存在，在文献中的出现也有些差异，如《敦煌变文集》似不用"在"，"里"则用的相对多一些；《祖堂集》中多用助词"在"，"里"极少见。

叁

3.1 宋代"里"用得多了一些，例如：

（38）颖云："此项待别有咨闻，这里别有照证里。"（沈括：乙卯入国奏请，续资治通鉴长编，卷二五六）

（39）若尽为佛，则是无伦类，天下却都没人去里。（二程集，卷二）

（40）江与友邃趋出，一环曰："未晓里，且缓步徐行。"（夷坚志，支庚，卷八）

（41）这浅情薄悻，千山万水，也须来里。（张先：八宝装，全宋词，61页）

（42）晓来起看芳丛，只怕里，危梢欲压。（杨无咎：柳梢青，同上，1206页）

（43）更嫌白发不思量，也须有，思量去里。（辛弃疾：鹊桥仙，同上，1902页）

（44）不怕与人尤殢，只怕被人调戏，因甚无个阿鹊地，没工夫说里。（同上：谒金门，同上，1974页）

宋代"里"也写作"哩"，并且出现了用于疑问句的例子，如：

（45）看如今怎奈何刘麟去哩？（绍兴甲寅通和录，三朝北盟会编，卷一六二）

（46）上了灯儿，知是睡哩？坐哩？（惜香乐府，国学基本丛书影印汲古阁宋六十家名词）⑤

3.2 宋代"里（哩）"的使用虽有增多，但在不同义献中分布仍不均，像宋初的《景德传灯录》，多用"在"，"里"不用；辛弃疾词，"里"两见，"在"不用；《朱子语类》中"在"多见，"里"则较少，在《二程集》和《朱子语类》中一些很相近的句子里，二程多用"里"，朱熹多用"在"，如：

（47）"天之将丧斯文也。"……丧乃我丧，未丧乃我未丧，我自做着天里。（二程语录）

（48）斯文既在孔子，孔子便做着天在。（朱子语类，卷三六）

有时《朱子语类》中也用"在里"，如：

（49）其言太急迫，此道里平铺地放着里。（二程语录）

（50）圣人言语平铺说在里。（朱子语类，卷一一九）

例（47）（48）二程说"做着天里"，朱熹则说"做着天在"；例（49）（50）二程说"平铺放着里"，朱熹表达近似的意思，说"平铺说在里"，显然，在这两个助词的使用上，二程和朱熹侧重有所不同。

3.3 元明之际，是"里"用得最多的时期。此期"里"又写作"俚、哩"等，表达的语气，兼有肯定和疑问两种。用于肯定的如：

（51）俺说来，未收拾里。（元典章，卷二二，户八）

（52）自桑哥立尚书省四年其间，内外察知底钞大略底有一十七万定，去年二年底数目未曾到来里。（同上，卷四七，刑九）

（53）俺如今掌管着眼前的祸福俚，你西番每怕也那不怕？（谕西番罕东毕里等诏，朱元璋文集）

（54）（钟会）却要谋反，只怕着邓艾一人，不曾反里。（戒谕管军官勅，同上）

（55）休那般说，偏我出外时，顶着房子走？也要投人家寻

饭吃里。（老乞大）

（56）二十两也不够，我典一个房子里。（朴通事）

（57）你三位还不知俚，我们不是他来时，性命只在咫尺休了。（水浒传，一八）

（58）良久，绣春走来说："五娘摘了头面，不来哩。"（金瓶梅词话，三八）

（59）金莲拉头儿道："……想着前日道士打看，说我短命哩，怎的哩，说的人心里影影的。"（同上，四六）

用于疑问的如：

（60）嫂嫂，咱坟园到那？未哩？（替杀妻，元刊杂剧三十种）

（61）先生恰说的秀才在那里下着里？（朴通事）

（62）这也不消说的，只是咱前日酒席之中，已把小子许下他了，如今终不成改了口哩？（金瓶梅词话，五五）

（63）桂姐问道："哥儿睡哩？"（同上，五八）

元明之际"里"仍以用于肯定的例子居多，但所表达的肯定语气，较之宋代更丰富了，有感叹、有肯定某种事物现象的存在、有表示停顿、列举等多种。疑问语气的"里"较少，但例子中也有表示选择、反诘、是非等多种句式。

元明之际语气助词"在"已很少用，语气助词"呢"也不多见，以上所列几种文献中，基本上都是既不用"在"，也不用"呢"，"里"是这些文献中表示肯定语气的常用语气助词。

明代以后，"呢"使用渐多，清代前期的长篇白话小说《儒林外史》《歧路灯》中，"哩"和"呢"并用，《红楼梦》中只用

"呢"。再晚一些的《儿女英雄传》基本上也只用"呢"。清代随着"呢"的广泛使用，"哩"基本上消失了。这一消失的过程，从文献中看，在不同地区快慢有所不同。

肆

4.1 本节中我们介绍了"在""里"两个助词在近代汉语中使用的情况，就其发展过程看，这两个助词都出现于唐代，唐宋之际它们在文献中的出现存在一些差异，元代以后，"在"逐渐消亡，"里"则在元明大量使用，清代以后，随着"呢"的出现，"里"也逐渐消失了。

"在"和"里"的功能，都近似于现代汉语语气助词"呢"，早期，它们只用于肯定语气，宋代，都有用于疑问句的用例，但直到元明，它们的功能都是以表达肯定为主，表达疑问语气的，只是个别用例。

4.2 本章中我们讨论了"聻""那""在""里"四个近代汉语语气助词，这四个词从其表达的功能上看，都和现代汉语语气词"呢"有关系，但它们又是几个来源和归宿都有所不同的语气助词，我们的分析表明，"聻"可能是"呢"的主要来源。"那"早期功能更近于"么"，元代以后兼有了部分"呢"的用法，但最后随着"么"和"呢"的发展，"那"被淘汰了。"在"和"哩"都有表示肯定语气的功能，用法近于"呢"，它们产生时间大致相同，但使用的文献有差异，元代以后，"在"逐渐消亡，元明之际"里"曾被广为使用，清代以后，"呢"又取代了"里"，最终形成了现代汉语语气词"呢"的格局。

注释

① 吕叔湘《汉语语法论文集》，2页。

② 同上，4页。

③ 例（26）（27）（28）转引自顾学颉、王学奇《元曲释词》四，中国社会科学出版社，1990年。

④ 例（35）（36）转引自太田辰夫《中国语历史文法》，350页，北京大学出版社，1987年。

⑤ 例（45）（46）转引自刘坚等《近代汉语虚词研究》，170页，语文出版社，1992年。

参考文献

江蓝生：《疑问语气词"呢"的来源》，《语文研究》1986年第2期。

吕叔湘：《释景德传灯录中在、著二助词》，《汉语语法论文集》，商务印书馆，1984年。

太田辰夫：《中国语历史文法》，北京大学出版社，1987年。

附录：主要引用文献目录

史传典章

史记	中华书局	1975
三国志	同上	1964
南齐书	同上	1972
北齐书	同上	1972
南史	同上	1983
北史	同上	1975
旧唐书	同上	1975
续资治通鉴长编	内府刊本	嘉庆十九年（1814）
三朝北盟会编	许涵度刻本	
元典章	影印元刊本	
通制条格	浙江古籍出版社	1986
元朝秘史	丛书集成	
朱元璋集	黄山书社	1991

佛经

贤愚经	大正新修大藏经卷四
杂宝藏经	同上
增壹阿含经	同上卷三
大宝积经	同上卷一五
童子经念诵法	同上卷一九
百喻经	金陵书画社　1981

释儒语录

抚州曹山本寂禅师语录	大正新修大藏经卷四七
洞山良价禅师语录	同上
云门匡真禅师广录	同上
明觉禅师语录	同上
汾阳无德禅师语录	同上
虚堂和尚语录	同上
圆悟佛果禅师语录	同上
大慧普觉禅师语录	同上
密庵和尚语录	同上
洞山悟本禅师语录	同上卷四八
佛果圆悟禅师碧岩录	同上
无门关	同上
古尊宿语录	续藏经卷一一八
续古尊宿语要	同上卷一一八、一一九

拈八方珠玉集	同上卷一一九
庞居士语录	同上卷一二〇
石霜楚园禅师语录	同上
开福道宁禅师语录	同上
虎丘绍隆禅师语录	同上
东山慧空禅师语录	同上
应庵昙华禅师语录	同上
月林师观禅师语录	同上
无门慧开禅师语录	同上
北涧居简禅师语录	同上卷一二一
松源崇岳禅师语录	同上
破庵祖先禅师语录	同上
运庵普岩禅师语录	同上
无准师范禅师语录	同上
灵隐大川济禅师语录	同上
偃溪广闻禅师语录	同上
祖堂集	日本中文出版社 1972
景德传灯录	日本禅文化研究所 1993
景德传灯录	四部丛刊
五灯会元	中华书局 1984
二程语录	国学基本丛书
二程集	正谊堂丛书
朱子语类	中华书局 1983

朱子语类辑略	丛书集成

诗词曲

全唐诗	中华书局　1960
王梵志诗校注	上海古籍出版社　1991
全唐五代词	同上　1986
宋诗钞	中华书局
全宋词	同上　1965
刘知远诸宫调	文物出版社　1958
董解元西厢记	国学基本丛书
永乐大典戏文三种校注	中华书局　1979
元刊杂剧三十种	同上　1980
元曲选	同上　1979
明成化说唱词话丛刊	台湾鼎文书局　1979

笔记小说

搜神记	中华书局　1979
还冤志	宝颜堂丛书
颜氏家训集解	上海古籍出版社　1984
世说新语校笺	中华书局　1984
古小说钩沉	人民文学出版社　1954
博物志	丛书集成
朝野佥载	中华书局　1979

大唐新语	同上	1984
隋唐嘉话	同上	1979
剧谈录	同上	1957
酉阳杂俎	同上	1981
太平广记	同上	1961
唐国史补	上海古典文学出版社	1957
唐摭言	古典文学出版社	1957
因话录	上海古籍出版社	1979
游仙窟	日本庆安刊本	
入唐求法巡礼行记	花山文艺出版社	1992
敦煌变文集	人民文学出版社	1957
大唐三藏取经诗话	文学古籍刊行社	1955
贵耳集	津逮秘书	
夷坚志	中华书局	1981
清平山堂话本	文学古籍刊行社	1987
大宋宣和遗事	商务印书馆	1951
新编五代史平话	古典文学出版社	1954
全相平话五种	文学古籍刊行社	1956
水浒传	人民文学出版社	1979
古今小说	同上	1979
醒世恒言	同上	
警世通言	同上	
金瓶梅词话	文学古籍刊行社	1957

西游记　　　　　　　　人民文学出版社　1981

拍案惊奇　　　　　　　古典文学出版社　1957

二刻拍案惊奇　　　　　同上

儒林外史　　　　　　　作家出版社　1954

醒世姻缘传　　　　　　齐鲁书社　1980

红楼梦　　　　　　　　人民文学出版社　1982

儿女英雄传　　　　　　同上　1983

老残游记　　　　　　　同上　1957

其他

齐民要术　　　　　　　四部丛刊

法书要录　　　　　　　人民美术出版社　1986

全唐文　　　　　　　　内府刊本　嘉庆十九年（1814）

朴通事谚解　　　　　　奎章阁丛书

老乞大谚解　　　　　　同上

近代汉语语法资料汇编　商务印书馆　1990、1992

再版后记

转眼之间，这本小书已经出版快20年了。如果从开始撰写算起，就有差不多30年了。这本书是在我硕士论文的基础上改写成的。1982年我开始跟随刘坚先生攻读硕士学位，1984年下半年确定了这个题目，开始在先生指导下撰写，1985年初完成。那时先生和我都住在劲松社科院的宿舍楼，得地利之便，可以随时向先生请教。坐在先生家简陋的折叠桌椅旁听先生指教的情景，现在还时时出现在我的记忆里，只是先生已经离开我们多年了。

这本书讨论唐五代以后近代汉语的助词，那时候语言学界还没有今天这么多的理论，我能注意到的只是近代白话里使用了一些什么样的助词，这些词汇在唐代前后是如何"虚化"演变的。限于学力和当时处理材料手段的限制，无论是对演变的分析归纳，还是对材料的理解统计，都是很初步的，像我在初版后记里说的，有很多问题都没有弄清楚。出版近20年来，有许多学者对其中研究过的问题做过进一步的讨论，也取得了许多进展。这也正是当时我所期望的。

2012年陈丹丹和我说起，商务愿意重印这本小书，和我商量要不要印、改不改。印我觉得没有什么意思，但她说还有需求，不能免俗，就答应了。改就不知道从何改起了，我这些年研究的兴趣主要在中古汉语和语言接触上，做完中古汉语和语言接触，再回头看近代，有很多问题的看法就不大一样了，要都改无异于重写，没有时间，也没有精力。最后索性就保留原来的样子，一个字也不动了。希望学者们在今天站在一个更高的角度做研究的时候，这些问题、这些材料，还能引起大家一些思考。如果能这样，我就很满意了。

感谢这些年来给过我诸多帮助的师友，也谢谢陈丹丹愿意做这些繁杂的编辑工作，使这本书得以再版。

作 者
2013年春